Compartiré un secreto contigo: nadie sigue a un título. La gente sigue el valor y la integridad. Esto significa que los verdaderos líderes se convierten en personas de influencia, independientemente del lugar que ocupan en un organigrama. Si estás preparado para liderar allí donde estás, Clay Scroggins te entiende, y *Cómo liderar cuando no estás al mando* puede mostrarte por dónde empezar.

DAVE RAMSEY, AUTOR *BEST SELLER* Y
PRESENTADOR DE UN PROGRAMA DE RADIO
SINDICADO A NIVEL NACIONAL

El enfoque de Clay es auténtico, divertido y atractivo. Mediante su experiencia y ejemplos prácticos, nos recuerda que nuestra influencia no está vinculada a nuestros títulos. Al margen de tu diligencia, seas un principiante en tu trabajo o desempeñes una labor de ejecutivo, este libro llegará a ser de obligada lectura para ti y tu equipo.

JEREMY WALLS, SVP,
DIRECTOR EJECUTIVO DE *MARKETING*, MIAMI DOLPHINS

CÓMO LIDERAR CUANDO NO ESTÁS AL MANDO

CÓMO LIDERAR CUANDO NO ESTÁS AL MANDO

APROVECHANDO LA INFLUENCIA
CUANDO NO TIENES AUTORIDAD

CLAY SCROGGINS
PRÓLOGO POR **ANDY STANLEY**

CÓMO LIDERAR CUANDO NO ESTÁS AL MANDO
Edición en español publicada por
Editorial Vida – 2015
Nashville, Tennessee

© 2018 Editorial Vida

Este título también está disponible en formato electrónico.

Originally published in the U.S.A. under the title:
    How to Lead When You're Not in Charge
    Copyright © 2017 por Clay Scroggins
Published by permission of Zondervan, Grand Rapids, Michigan 49530.
All rights reserved.
Further reproduction or distribution is prohibited.

Editora en Jefe: *Graciela Lelli*
Traducción: *Setelee*
Adaptación del diseño al español: *Grupo Nivel Uno, Inc.*

ISBN: 978-0-8297-6796-4

CATEGORÍA: Religión / Iglesia cristiana / Liderazgo

IMPRESO EN ESTADOS UNIDOS DE AMÉRICA
PRINTED IN THE UNITED STATES OF AMERICA

18 19 20 21 LSC 9 8 7 6 5 4 3 2 1

Dedicado a aquellos que tienen hambre de ayudar a los demás por medio del liderazgo: este libro es para ustedes.

CONTENIDO

La autonomía es un mito.

Es un mito que se transmite de una generación de aspirantes a líderes a la siguiente. Tarde o temprano, todo líder está obligado a asimilar la realidad de que *todo el mundo es responsable ante alguien*. Como la mayoría de las lecciones de la vida, cuanto antes acepte esto un líder, mejor. Lo más probable es que los dirigentes que se envuelven en la manta de seguridad del «Si yo estuviera a cargo» o «Cuando yo esté al mando», como excusa para un bajo rendimiento y la falta de iniciativa, nunca lleguen a estar a cargo. Por otra parte, los verdaderos líderes de una organización hallarán una forma de llevar la carga hasta que estén al mando. A la larga, estas son las personas que los grandes líderes ponen a cargo.

Yo he estado a ambos lados de esta ecuación. Recuerdo haber estado sentado en un restaurante, con mi equipo de liderazgo, el lunes posterior a haber anunciado ante todo un salón de baile lleno de personas que empezábamos una nueva iglesia. Los seis habíamos trabajado juntos durante varios años. Sonreí y exclamé: «¡Enhorabuena! Somos *ellos*». Ya sabes, *ellos*: esos de quienes se quejan todos los que están en administración. *Éramos ellos*. No tengo muy claro que nos diéramos realmente cuenta de que, desde ese momento en adelante, ya no teníamos a nadie de quien protestar ni a quien culpar.

Esto ocurrió hace veinte años. Ellos siguen siendo *ellos* y han recorrido la distancia hasta construir una organización extraordinaria. Estaban preparados para ese día en que por fin se convirtieron en *ellos*. Escogí a ese equipo en particular porque habían sido buenos líderes en una organización que ni honraba ni alentaba el liderazgo. Yo había observado cómo dirigían cuando estaban en el cargo y, por tanto, sabía que era el grupo adecuado para ponerlo al frente. Cuando encuentras a personas que pueden ocuparse de que se hagan las cosas en una organización que conspira contra ellos, has hallado a unos líderes.

¿Por qué?

Los grandes líderes dan prioridad a la influencia y a las relaciones por encima del título y de la posición. Cuando un líder no tiene más influencia que un título o una posición, el final está cerca. Los mejores líderes dirigen como si no estuvieran al mando, aun cuando lo están. Los mejores líderes se convierten en *los* líderes cuando llegan a dominar el arte de dirigir, cuando no están al mando. Y por esta razón, el libro que tienes en tus manos será uno de los más fundamentales —sino el más fundamental— que hayas leído jamás sobre el liderazgo. Si quieres construir una cultura de liderazgo en tu organización, este libro debería ser de obligada lectura para todos los que formen parte de tu equipo.

He tenido el privilegio de trabajar con Clay Scroggins desde que era estudiante en el Georgia Tech. Clay había sido parte integrante de nuestra organización durante catorce años. Comenzó como interno. Cuando se graduó en Tecnología, con el título de ingeniero industrial, lo contratamos para que dirigiera nuestro ministerio de estudiantes. Probablemente, sus padres se alegraron... bueno... ahora están contentos.

En fin.

Clay era nuestro pastor de estudiantes cuando mis hijos estaban en la escuela secundaria, de modo que yo prestaba atención. Cuando cumplió los veinticinco, le pedí que me sustituyera los domingos cuando yo estuviera ausente, o me tomara un descanso. A la avanzada edad de treinta años, le pedí que asumiera el papel de pastor del tercer campus más grande de nuestra red de iglesias. Ahora Clay sirve como pastor de la Iglesia North Point Community, mi antiguo trabajo.

Clay estaba marcando la diferencia en nuestra organización mucho antes de estar a cargo de nada relevante. Todo lo que tocaba crecía y mejoraba, estuviera él o no al mando. Hace varios años, le pedí en el último momento que se encargara de la enseñanza en nuestra reunión bimensual de todo el personal. Escogió hablar sobre lo que había aprendido respecto a dirigir más allá de su título, su posición y su autoridad. Fue fantástico. Recuerdo haber pensado, *Yo no habría podido hablar nunca de esto con autoridad moral, porque estoy al mando.* Sandra, mi esposa, se volvió hacia mí y exclamó: «¡Esto tiene que convertirse en un libro!». Yo asentí, pero no se lo mencioné a Clay. Algún tiempo después, él me consultó si me parecía que aquello podía ser un buen tema para un libro. Le contesté: «Desde luego que sí».

De modo que aquí está.

Esto no es teoría. Estos principios y aplicaciones son orgánicos. Están arraigados en la realidad organizacional. Si todavía no estás convencido, lo estarás. No tienes que estar al mando para marcar la diferencia. ¡Puedes dirigir sin estar al mando!

ANDY STANLEY

Escribir estos pocos párrafos siguientes ha sido mi parte favorita de todo el proceso. En Romanos 16, el apóstol Pablo tuvo todo un capítulo de sus propios reconocimientos, y parece como si a todos nos pareciera una gran idea. Estos son los míos...

Gracias a mi esposa, Jenny. Sigo recordando el día en que nos conocimos. Entonces pensé que eras sumamente asombrosa, pero no tenía ni idea. Dondequiera que vamos, contigo estoy en casa. Gracias por concederme el margen necesario para escribir este libro. Has sido constante, amorosa, un apoyo increíble y has estado junto a mí desde que pulsé la primera tecla. ¡Tú y yo hasta el final!

Gracias a nuestros hijos. Espero que el ser hijos de pastor les ofrezca más de lo que les exige.

Gracias a mis padres y hermanas. Tuve la mejor infancia que hubiera podido imaginar. Solo espero que Jenny y yo podamos crear la misma cantidad de amor, estabilidad y gozo que ustedes me proporcionaron. A Lee y Donna, su amor por Jesús está creando un legado del que los hijos de nuestros hijos se beneficiarán sin lugar a duda. ¡Gracias!

Durante las dos últimas décadas, nuestra iglesia ha sido un regalo masivo en mi vida. Andy y Sandra, con darles sencillamente las gracias no basta. Se me llenan los ojos de lágrimas de tanta gratitud que siento por ustedes dos. Y gracias a un equipo asombrosamente talentoso de voluntarios y personal que han dirigido con gran sacrificio cada semana. He intentado con todas mis fuerzas devolvérselo, pero nunca seré capaz de estar a la altura del regalo que han sido ustedes para mí.

Gracias a aquellos que fueron decisivos en su ayuda para que yo escribiera este libro:

- Ben Orlip: Me dijiste que la clave para escribir era empezar el día postrándome con el rostro a tierra, y suplicarle a Dios que me inspirara. Me señalaste que, al menos, haría que la sangre me llegara a la cabeza. Fue un consejo fantástico que aún me provoca la risa.
- Suzy Gray y Belinda Randall: Es realmente difícil trabajar con personas con las que no disfrutas, ¡y me lo he pasado en grande con todo esto, gracias a ustedes! Tienen corazón de siervas, son inteligentes ¡y tan motivadoras! Gracias.
- Ryan Pazdur: Has hecho que todo este proceso fuera tan fácil. Gracias por tu paciencia, tu bondad, tu gentileza y tu sinceridad.
- Justin Elam: En la mañana del 19 de marzo del 2014, yo intentaba a toda prisa acabar con esta charla en nuestra reunión de personal. Tú acordaste encontrarte conmigo aquella mañana y proporcionarme ilustraciones, dichos ingeniosos, historias y citas que fueron de gran inspiración para mí. Te debo mucho.
- Lane Jones: Gracias por decirme que fuera yo cuando estaba escribiendo. Fue tremendo.
- Matt Bevier: Gracias por leer unos cuantos de estos capítulos con antelación. Tus palabras desde el otro lado del mundo fueron para mí mucho más de lo que podrás imaginar.

Gracias a mis colegas Bryson y Brad. La mayoría de las personas dejan que todos sepan unas cuantas cosas, pero hemos escogido dejar que unas pocas personas lo sepan todo. Creo que es mejor así. Gracias por ser un estímulo y una inspiración tan inmensos para mí.

Gracias a Megan Gross por mantener la vida organizada y divertida.

Gracias a nuestro equipo de liderazgo NPCC. La mayor parte de lo que he aprendido sobre liderar sin autoridad, lo he aprendido de ustedes.

Oh, y gracias a Brad Jones. ¿Es esto lo que buscabas?

PARTE I

Entendamos nuestro reto

CAPÍTULO 1

LA SINGULARIDAD DEL LIDERAZGO

Creo que siempre he querido ser un líder.

Tal vez todo empezara con la patrulla de seguridad en quinto grado. Como si ser el de mayor edad en la escuela elemental no fuera un chute bastante grande de ego, nuestra escuela escogió a unos cuantos de los niños más entusiastas para servir en el equipo que patrullaba por el carril de vehículos compartidos. Algo me inundó cuando me puse aquel casco protector amarillo y la banda reflectante. Era arrogancia. Con el más ligero gesto de la mano, podía obligar a dos toneladas de acero a detenerse por completo. Eso es poder.

Tal vez comenzara cuando entré en la campaña presidencial para el gobierno estudiantil de décimo grado. Por alguna extraña razón, me hallaba en pleno furor creativo, e intentaba aprovechar canciones populares de *hip-hop* como eslóganes para mi campaña.

«Da marcha atrás» y vota por Clay. Gracias, Juvenile.

«Pronuncia mi nombre, pronuncia mi nombre», y vota por Clay. Nos vemos Beyoncé.

Ahora es resulta bastante embarazoso, pero de algún modo funcionaba.

O tal vez fue cuando presioné sutilmente para ser votado capitán del equipo universitario de béisbol. Se me dio bastante bien formar el equipo, pero en realidad no era lo suficientemente bueno para jugar. Por desalentador que esto fuera, convertirme en el capitán del equipo pareció bastar para satisfacer mi gusanillo por liderar. La frase «Lo que ocurre en el banquillo es más importante que lo que sucede en el campo» se convirtió en mi eslogan de campaña.

Aquellos eran los momentos en los que me sentía vivo. Desafortunadamente, fueron los menos, y muy espaciados entre sí. El resto del tiempo solo era un niño más en clase. Cuando tenía autoridad, me resultaba muy fácil liderar. Si no la tenía, me limitaba a esperar que llegara mi turno.

Lo triste es que durante mis años de escuela secundaria y después, perdí más oportunidades de las que aproveché. Ahora me doy cuenta al contemplar en retrospectiva mi primer papel en el ministerio como pastor estudiantil. Nuestro encuentro semanal se producía los domingos por la tarde, pero lo mejor que hacíamos era movilizar a los estudiantes para que sirvieran como pequeño grupo de líderes para niños durante nuestros cultos matinales. Piensa en ello. ¿Qué habría sido de mayor ayuda para ti como estudiante? ¿Sentarte en un aula y escuchar la conferencia que alguien imparte, o liderar de verdad tu propio grupo de chicos más jóvenes y tener que darles tú mismo algo de enseñanza? La respuesta fue tan obvia entonces como lo es ahora. Lamentablemente, yo no tuve el valor de reorientar nuestros esfuerzos y recursos para alentar a un *número mayor* de estudiantes a servir. Si se considera a posteriori, parece un logro, pero el futuro no tiene por qué ser tan borroso si lo miramos con las lentes adecuadas.

Cuando repaso mentalmente mis primeros trabajos, el tema común que recorre cada uno de ellos es el pesar. Me arrepiento de las veces que no hablé. Me arrepiento de las veces que estuve de brazos cruzados, a la espera de que alguien me indicara qué hacer. Me arrepiento de haberme sentido como una víctima de la estructura o de la jerarquía de la organización.

La vida nos enseña que la autoridad y la oportunidad para liderar son un conjunto. Creemos que van de la mano como la salsa de arándanos y el pavo. Cuando se nos proporciona la autoridad de liderar —un título, un uniforme, el despacho de la esquina—, entonces y solo entonces tendremos la oportunidad de liderar. Pero esto no es verdad.

ESPERAR A ESTAR AL MANDO

Mientras aguardamos que se nos presente la autoridad del liderazgo, ¿se supone que nos limitemos a sentarnos en la banda antes de poder intentar algo que se le parezca al liderazgo? Eso parece. Conforme crecí, mi perspectiva fue que si estás al mando, ya estás liderando de forma natural. Los padres estaban al mando, y parecían liderar. La directora de la escuela estaba sin lugar a duda al mando. Y parecía liderar. Hasta el conductor del autobús, quien se suponía estaba al mando del vehículo, le gritaba a todo el mundo como si intentara liderar. La líder de la fila en el jardín de infancia estaba al mando, al menos durante ese día. ¿Y qué hacían todos los demás de la fila? Tan solo esperaban que les llegara su turno.

¿Recuerdas cómo te sentías en la escuela? Me acuerdo que no podía hacer nada, ¡me sentía tan indefenso e impotente! Yo era uno de los treinta niños de la fila con la vejiga llena. No podía soltar una gota de orina sin que alguien con autoridad me llevara al baño. La realidad es que el noventa y nueve por ciento de mi infancia transcurrió mientras alguien de autoridad me dirigía. Cuando otra persona te está diciendo lo que tienes que hacer, no tienes que liderar nada. Ni siquiera tienes que pensar. Tan solo aprendes a poner tu mente en punto neutro y te dejas llevar. Cuando otra persona te dirige, es como si ya no quedara nada por liderar. De modo que tan solo esperas.

A nadie le gusta esperar turno para liderar —ser quien toma las decisiones—, pero todos sabemos cómo se siente uno. Tienes ideas, pero te da la sensación de que nadie te escuchará, porque no tienes el micrófono. Tú no *diriges* la reunión; tú solo estás *en* la reunión. La última vez que intentaste compartir tu plan, te sentiste ignorado. O incluso peor: sentiste como si se te considerara un renegado o una piedra en el zapato de aquel que está al mando. Así que decidiste que quizás lo mejor era dejar de intentarlo.

Nunca te van a escuchar.

Siempre será así. Mejor cierro el pico y lo acepto.

Sencillamente no lo entienden, y no tiene sentido seguir intentándolo.

Mi primer trabajo de verdad como adulto no hizo más que reforzar este pensamiento. Aunque mi mesa de trabajo se encontraba en la séptima planta de un rascacielos, en el centro de Atlanta, como el resto de mi equipo, todos estaban ansiosos por decirme lo que tenía que hacer, porque su posición en el organigrama era más alta que la mía. Y parecía que cuando más arriba se encontraban en el gráfico, más inferior era la tarea requerida. Recuerdo haber pensado: *No me importa recogerte la ropa de la tintorería, pero no pienso ir a por tu mocoso al servicio de guardería. Hasta yo tengo mis límites.* Transité por mis años más jóvenes suponiendo que tenía que estar al mando para poder liderar. Y hasta no estar *al mando*, solo tenía que aguardar mi turno.

Uno de mis pequeños gozos en la vida es ir a comprar al supermercado. Desde que nuestros hijos tuvieron la edad suficiente para mantenerse derechos al sentarse, mostraron predilección por los carros de esos establecimientos que parecen pequeños autos. Esos carros han llegado a ser para los supermercados lo que el iPad es para un viaje familiar. ¿Cómo pudimos vivir alguna vez sin ellos? Juego. Cambiador. A nuestros niños les sigue encantando sentarse en el asiento del conductor del carro-auto. Les gusta la sensación del volante en sus manos, el poder de tener el control del carro.

Pero luego está ese momento inevitable. El instante en el que los niños conducen felices el carro-auto y, de repente, se percatan de que el volante no funciona en realidad. Yo voy desplazándome por el supermercado con mis hijos, y ellos giran el volante mientras el carro también lo hace. Todo funciona a la perfección. De pronto, los niños se fijan en el pasillo más amplio de la tienda: el de las golosinas. Como los fuegos artificiales del Cuatro de Julio, los colores brillantes y los atractivos envoltorios son un verdadero espectáculo. De modo que con toda la velocidad de la que son capaces sus pequeños miembros, empiezan a girar el volante con agresividad. *Izquierda, izquierda, izquierda, izquierda.* Sin embargo, para su disgusto, el carro no vira. Sigue avanzando en línea recta.

Ahí es cuando se vuelven y alzan sus ojos hacia ti con esa expresión de «¿Cómo puede ser?». Es la abatida mirada de decepción que grita: «Me has hecho trampa. Este volante no funciona. No hace nada. Es inútil. Completamente inútil. Una especie de "me encantas como padre, Papi"».

Y aprendemos, a una edad temprana, que *controlar el volante es la única forma de liderar.* Y si ese volante no va unido a la autoridad y el poder, sencillamente no funciona. Es lo que nos enseñan las experiencias de la vida. Si queremos que el carro se mueva, debemos tener el control. Aprendemos que la pequeña rueda que nos entregan no es más que un juguete y que en realidad no sirve. Pensamos que debemos estar al mando si queremos liderar, si podemos hacer que el carro gire en una dirección distinta. Llegamos a considerar la autoridad posicional como un prerrequisito para un liderazgo eficaz.

ACEPTAR EL MITO

Trágicamente, tuve que conseguir el trabajo que siempre había querido, antes de darme cuenta de que había aceptado este mito. Durante casi veinte años ya, he asistido a una amplia red de iglesias, y ahora trabajo para ella. Justo después de cumplir los treinta, me dieron un ascenso bastante sustancial. Se me pidió que me trasladara a una de nuestras sedes más grandes y que me convirtiera en el pastor de aquel campus. Fue uno de esos momentos en que pensé: *¿Hablas en serio? Me siento halagado, por supuesto. Sin embargo, pongo en duda tu discernimiento, porque este trabajo es enorme y yo quiero seguir siendo, en secreto, el animador de Puff Daddy.* No obstante, alguien vio algo en mí que yo mismo no detecto, y me siento eternamente agradecido. Mi nueva función fue, de manera literal, un sueño hecho realidad.

Empecé en ese trabajo como un joven líder ansioso, listo para moldear nuestra iglesia y convertirla en aquello que yo esperaba que pudiera ser. Tenía grandes opiniones sobre cómo deberíamos funcionar para servir mejor a nuestra comunidad. Tristemente, con el transcurso de los años, me había desviado hacia un estado de ánimo insano, y me sentía como una víctima cuyas ideas no se valoraban ni se entendían en el seno de la organización en general. Me sentía inhibido y limitado, como un león domado (o, como poco, una mangosta impaciente), en el zoo, acostado en mi jaula, perdida mi ambición por liderar.

Pronto aprendí que estaba equivocado, porque da la casualidad de que la jaula ni siquiera existe.

En aquel tiempo supe que no estaba liderando de acuerdo con mi pleno potencial. Sin embargo, si me hubieras preguntado por qué, me habría hecho la víctima y le hubiera echado la culpa de los problemas a la organización.

«Solo tienen una forma de hacer las cosas».

«No están abiertos al cambio».

«Solo quieren hacerme encajar en el molde, acatar las normas y seguir las reglas».

Entiendo que esto podría ser verdad en algunas organizaciones. En muchas, quizás. Pero no era verdad en el caso de la *nuestra*. Yo trabajaba (y sigo haciéndolo) para un hombre llamado Andy Stanley. Es hijo de predicador, y conoce la frustración de sentirse atado de manos y pies por una gran organización fosilizada. Andy ha pasado la mayor parte de su vida procurando, de manera intencional, crear una cultura de liderazgo donde las personas responsables de ejecutar una decisión son aquellas que tienen la autoridad para tomarla. Seré el primero en admitir que nuestra organización no es perfecta, pero desde luego no somos una empresa donde quienes quieren liderar y tener dones e ideas deban sentirse frustrados y bloqueados. En North Point, si no estás liderando porque no sientes que estás al mando, solo es culpa tuya y de nadie más. Si nuestra organización gravita hacia un extremo del espectro, es hacia la libertad de liderar y no del alto mando.

Sigo recordando el momento en que mis excusas quedaron al descubierto, y me di cuenta de que me había centrado demasiado en culpar a los demás en lugar de dedicarme a dirigir de verdad. Afortunadamente, en mi caso no fue tanto como el momento «espectáculo de Janet Jackson en el tiempo de descanso del Super Bowl»; fue más bien la firme convicción de mi necesidad de cambiar. Fue un momento decisivo para mí, que cambió de forma drástica mi manera de pensar en el liderazgo. La historia en sí no fue dramática, pero por alguna razón fue exactamente lo que necesitaba para ver aquello que me estaba pasando inadvertido.

Mantenía una reunión con Andy, quien ahora era mi jefe, e intentaba explicarle por qué algo que habíamos hecho no había salido como esperábamos, y por qué nada de aquello era culpa mía. Nuestra organización central le había proporcionado a nuestro campus cierto contenido para una presentación, junto con instrucciones para lograrlo, pero no había salido como se había planeado. De nuevo, determinaron la dirección y proporcionaron el currículo. Era tarea nuestra ejecutarlo. La pregunta dominaba mi pensamiento, como un elefante en la sala: «¿Por qué no ha salido bien?».

Con seguridad, entusiasmo y de un modo sucinto le proporcioné tres buenas razones a Andy. La información había llegado tarde hasta nosotros, el trabajo que nos habían encargado era descuidado, y la presentación no fue nada creativa. Creo que podría haber usado el término «cojo» para describirla. Mi argumento era sin fisuras: culpar, culpar, culpar. Era evidente que nosotros éramos las víctimas. El fracaso de la presentación no tenía nada que ver con nosotros; era culpa de otra gente. Cuando acabé de enumerar mis razones, sentí que Andy debería probablemente darnos las gracias por hacer todo lo posible con unos materiales que no eran lo bastante buenos.

Pero no fue esto lo que hizo. En su lugar, hurgó e instó durante unos cuantos minutos más, y me formuló algunas preguntas buenas y duras. Inquirió: «Si no te gustaba el boceto, ¿por qué no hiciste los cambios necesarios para convertirlo en algo genial?». A medida que él preguntaba y yo respondía, empecé a oler el tufillo de mis pensamientos contaminados. Como el cirujano que extrae un cáncer, la inquisición de Andy me llevó a un momento de entendimiento profundo. Conforme hablábamos, empecé a percibir que el problema no estaba en nuestra organización. El problema era yo.

Podría haberme sentado allí, seguro de ser la víctima pasiva de la maquinaria institucional, sin dejar de culpar y de poner excusas todo el día. En vez de esto, experimenté un momento de tomar profunda consciencia de mí mismo. La verdad de un principio clave en el liderazgo me golpeó como una tonelada de ladrillos. Me encontré de bruces con ello, de una forma tan abrupta que me moría por salir de su oficina avergonzado.

Los líderes no se ponen cómodos en su sillón y te señalan con el dedo. Los líderes dirigen *con* la autoridad del liderazgo... o *sin* ella. La autoridad es ampliamente irrelevante: si eres un líder, dirigirás cuando te necesiten.

Mi instinto de culpar y de desviar la responsabilidad no consistía en tener o carecer de autoridad. Después de todo, ahora tenía una posición de cierta autoridad en nuestra organización, tenía voz en las reuniones. Sin embargo, a lo largo de los años, había caído en la trampa de pensar: *Si al menos tuviera más autoridad, podría resolver los problemas que viera.* Lo que necesitaba no era más autoridad, sino aceptar la que ya tenía, y después usarla con sabiduría para cultivar la influencia y hacer mejor las cosas. Había confundido tener autoridad con la responsabilidad de dirigir. Todavía no había comprendido que no necesitamos autoridad

> La influencia siempre ha sido, y será, la divisa del liderazgo.

para tener influencia. Y se me recordó que ya la tenía. De hecho, tengo la esperanza de convencerte de que tú también la tienes.

Tal vez hayas experimentado algunas de las mismas frustraciones que yo he tenido como líder. O quizás no te encuentres en este momento en una «posición» de liderazgo en tu organización, pero sí tienes las ideas y la visión de cómo se pueden hacer las cosas mejor. Si es así, este libro está escrito para ti, para aquellos que sienten el llamado de dirigir, pero no están al mando. Vivimos en una cultura basada en la autoridad, donde ciertas posiciones poseen una autoridad y una responsabilidad inherentes. Sin embargo, todos sabemos que la autoridad posicional solamente no equivale a un liderazgo eficaz. Si un líder no inspira confianza, él o ella será incapaz de efectuar cambios sin recurrir a la fuerza bruta. La influencia siempre ha sido, y será, la divisa del liderazgo. Este libro trata de cómo cultivar la influencia necesaria para dirigir cuando no estás al mando.

VERLA POR TODAS PARTES

Cuando cumplí los dieciséis años, esperaba conseguir un buga (que significa auto en el vocabulario rapero) nuevo a estrenar que me haría más popular con las damas. En su lugar, mis padres me compraron un viejo y destartalado Volvo 240 DL. Al principio me sentía deprimido, sobre todo porque apestaba a Brut y moho. Sin embargo, tras unos cuantos momentos de lástima, recuerdo haber pensado: *Bueno, es único en su tipo. Si no puedes ser guay, al menos sé único.* Jamás olvidaré el primer día que conduje hasta la escuela. Me detuve ante el semáforo en rojo, miré por encima de mi hombro izquierdo y vi exactamente el mismo modelo de auto. Dos minutos después, adelanté a otro. Cuando estacioné en el aparcamiento de la escuela, conté seis Volvos 240 DL. *¿Cómo puede ser esto? ¡Pensé que sería único! ¿Cómo puedo haber pasado por alto estos autos en el pasado?*

Porque no los estaba buscando.

Una vez tomas consciencia de algo, empiezas a verlo por todas partes. Aquel momento con Andy fue el destello de luz que yo necesitaba para sacar a la luz el mito que había estado llevando a cuestas. Tan pronto como se encendió en mi mente la luz de la bombilla del liderazgo a través de la influencia, empecé a ver la verdad de este principio *por todas partes*. Las personas dirigen todo el tiempo con poca o ninguna autoridad. Algunos de los líderes más eficientes —las personas que han cambiado nuestro mundo— lo hicieron sin autoridad formal.

Piensa en Martin Luther King Jr. ¿Qué título tenía? Era copastor en la Iglesia Bautista Ebenezer y presidente de la Conferencia

Sureña del Liderazgo Cristiano. Aunque ser el presidente de la CSLC implica cierta autoridad dentro de la organización, esa posición sola no te capacita para efectuar el cambio para todos los afroamericanos. Sin embargo, King no estaba limitado por su posición. Sabía que el cambio se produciría cuando la verdad saliera a la luz, y los corazones y las mentes fueran expuestos a un nuevo paradigma que viera la valía y el valor iguales de todas las personas, y que no las juzgaran por el color de su piel. King dirigió, porque es lo que hacen los líderes. Cultivan la influencia con o sin título.

¿Quién puso a Nelson Mandela a cargo de la abolición del *apartheid* en Sudáfrica? Nadie. Pero los líderes no necesitan estar al mando para dirigir.

El 2 de octubre se reconoce ahora como el Día Internacional de la No Violencia. ¿Por qué ese día? Porque es el cumpleaños de Mahatma Gandhi. Dirigió una revuelta nacional contra uno de los gobiernos más grandes y más poderosos del mundo. Pero no tenía una posición oficial dentro del mismo. No obstante, ahora ya tiene un título, ya que la India recibió su independencia de Gran Bretaña en 1947. Hoy, se alude a él como «Padre de la Nación».

Estas personas no esperaron a tener un título para dirigir. Y tú tampoco deberías hacerlo.

En su charla TED «Por qué los buenos líderes hacen que te sientas seguro», Simon Sinek explica: «Muchas personas que están a la cabeza de las organizaciones no son líderes. Tienen autoridad, pero no son líderes. Y muchos que están abajo, sin autoridad alguna, son líderes absolutos».[1] Sinek está diferenciando entre autoridad y liderazgo, y deja claro que *no* forman un paquete. Jim Collins, experto en liderazgo, concuerda con esto. Escribe: «Para muchos, la primera pregunta que aparece es "¿Pero cómo convenzo a mi director ejecutivo para que lo entienda?". Mi respuesta: No te preocupes por ello... cada uno de nosotros pueden crear un *foco de grandeza*. Cada uno de nosotros podemos tomar nuestro propio ámbito de trabajo e influencia, y concentrarnos en llevarlo de bueno a extraordinario. En realidad, poco importa que todos los directores ejecutivos lo comprendan o no. Lo único relevante es que tú y yo lo entendamos. Ahora, es tiempo de ponerse a trabaja».[2]

Collins demuestra aquí algo importante. Nuestro enfoque no tiene por qué centrarse simplemente en convencer a aquellos que están al mando para que efectúen el cambio. Tú puedes ser capaz o no de realizarlo. Pero lo que sí puedes hacer es concentrarte en tu propio ámbito de responsabilidad, y convertirlo en algo extraordinario. Necesitamos evitar la trampa de pensar que somos víctimas pasivas, y que no hay nada que podamos hacer. Cada uno de nosotros podemos empezar a dirigir allí donde nos encontramos hoy. Collins prosigue: «Asume la responsabilidad de hacer grande aquello que puedes hacer grande. Y deja que los demás hagan lo mismo en aquellos ámbitos que puedan. Y si la compañía entera no lo hace, no puedes hacerla cambiar. Pero puedes tomar la responsabilidad en tu ámbito».

EMPUÑAR EL ARMA DE LA AUTORIDAD

Tal vez hayas trabajado para personas con títulos que les otorgan autoridad sobre ti, pero ellas han malinterpretado por qué los poseen. Han confundido autoridad y liderazgo, o malentendido la forma en que se pretende que la autoridad funcione en el liderazgo. Y usan su posición para hacerte sentir pequeño, o estrujarte al máximo para lograr resultados, solo para que se les atribuya a ellas el mérito de tu trabajo. O tal vez anulen tus ideas y no respondan a las sugerencias. Yo defino esta experiencia «estar metido en un puño». Cuando los demás nos hacen sentir de este modo, porque ellos están al mando y nosotros no, esto nos consume por dentro.

La mayoría de nosotros sabemos lo que se siente en estos casos. Cuando las personas te repiten que son ellas las que están al mando, para que tú te pliegues ante ellas, sabes por instinto que algo va terriblemente mal. Cuando estaba en la universidad me tropecé con una experiencia en la oficina del gobernador de Atlanta. Mi trabajo quedaba lejos de ser glorioso, pero mi asiento estaba en primera fila, de modo que presencié mucha de la actividad mientras el gobernador se preparaba para poner en vigor nuevas políticas. Mi despacho estaba directamente fuera de la sala de conferencias, en el departamento político, donde se debatía y se tomaba decisiones. No olvidaré jamás el día en que escuché de hurtadillas una reunión particularmente contenciosa sobre el futuro de la educación en el estado de Georgia. El tono de las voces dentro de la sala de reuniones era cada vez más alto. De repente, un fuerte puñetazo en la mesa silenció el salón. Una voz gritó en solitario por encima de las demás: «Yo soy el gobernador del estado de Georgia! ¡Escúchenme a mí!».

La lástima es que, en aquel momento de mi vida, yo no había leído muchos libros sobre el liderazgo. Jamás había asistido a una conferencia sobre el tema. Me habría costado mucho definir términos como *visión y misión*. Sin embargo, hasta yo sabía que algo no iba bien. Cuando alguien tiene que sacar el arma de la autoridad, algo se ha roto. Solo blandes el arma de la autoridad cuando nada más funciona.

El arma hará que las personas se muevan, al menos durante un tiempo. Si alguien empuña el arma de la autoridad contra ti y amenaza tu empleo, ¿haría eso que te pusieras en marcha? ¡Por supuesto que sí! Todos queremos alimentos para comer y un lugar donde vivir. Y, aquel día, en la sala de conferencias, el arma pareció funcionar. Pero empuñarla no puede convertirse en una práctica regular. Nadie quiere seguir a alguien que le apunta por la espalda con una pistola. Eso no es liderar. Es ir intimidando a las personas y obligarlas a ir donde no quieren. Aunque puede haber momentos en que necesitemos recurrir a esto, nuestro objetivo es que las personas *quieran* seguirnos. Ni siquiera Jack Bauer querrá venir a trabajar con una pistola en la sien a diario. Sobre todo cuando hay otra forma más eficaz de producir un cambio.

Aunque no podemos desconectar por completo la autoridad de la ecuación del liderazgo, no creo que debiéramos empezar por ahí. En algún momento durante su ministerio, Jesús advierte a sus seguidores que no confundan una *posición* de autoridad con el *llamado* al liderazgo. Al estar ellos en peligro de comprender esto de la forma equivocada, establece con brusquedad una distinción entre cómo quiere él que ellos lideren y la forma en que funcionan típicamente las cosas en el mundo. «Entre ustedes no debe ser así» (Mateo 20.26).

¿A qué «no debe ser así» se refiere Jesús aquí? Es el tipo de líder que busca autoridad para la ganancia personal. En su lugar, Jesús argumenta que los mejores líderes, aquellos que se alinean con su visión del liderazgo, dirigirán como siervos conscientes de su responsabilidad y que responden a un llamamiento superior.

¿Quieres ser un líder del tipo de «entre ustedes no debe ser así»? Así lo espero. Sé lo que es que usen un arma de autoridad para mantener a las personas en movimiento, y cómo se siente uno, pero Jesús nos indica aquí que existe otra forma, una mejor. Aunque tengas autoridad y una posición de liderazgo, un líder inspirador no necesita aprovecharse de esa autoridad. Los dirigentes del tipo «Entre ustedes no debe ser así» saben que existen formas más eficaces de cultivar la influencia y construir confianza. Jesús nos señala que esta es una forma más poderosa de dirigir, que se puede ejercer independientemente de la presencia o la ausencia de autoridad.

Con anterioridad mencioné los ejemplos de Martin Luther King, Jr., Nelson Mandela y Mahatma Gandhi. Estos individuos produjeron un cambio duradero con poca autoridad formal. Sin embargo, este principio de liderazgo no solo es cierto para los movimientos culturales y políticos; también sirve en el seno de las organizaciones. En un artículo titulado «La clave para cambiar está en los mandos medios», de la revista *Harvard Business Review*, Behnam Tabrizi escribe que los mandos medios son el eje del cambio dentro de una organización. Descubre que estos administradores no tienen necesariamente la autoridad de realizar cambios, pero *aún pueden hacer que estos se produzcan*. «El distintivo del 32% de los que tuvieron éxito fue la implicación de los mandos medio de dos o más niveles por debajo del presidente. En esos casos, los directores de mando medio no solo estaban gestionando un cambio progresivo, sino que lo estaban dirigiendo mediante resortes de poder que funcionen hacia todas las partes de sus organizaciones».[3]

¿Cómo efectúan el cambio esos directores de mando medio? Tabrizi afirma que hacen funcionar las palancas de poder en todas las direcciones. No tienen autoridad sobre sus iguales y, menos aún, sobre sus jefes o los demás ejecutivos a cargo de la organización. ¿Cómo lo hacen, pues? Por medio de la influencia. La mentira que creemos es que debemos esperar hasta hallarnos en la poltrona del líder antes de poder tener este tipo de influencia. Sin embargo, la buena noticia es que la influencia puede (y debería) ser cultivada *dondequiera* que estés. Si eres capaz de entender esta verdad como líder hoy, te puede preparar para el futuro. Pero si fracasas en cultivar la influencia cuando no estés al mando, tampoco la tendrás para aprovecharla cuando lo estés.

La influencia siempre supera a la autoridad. Y los líderes que sacan sistemáticamente ventaja de su *autoridad* para dirigir son mucho menos eficientes a largo plazo que aquellos que aprovechan su *influencia*. Practica el liderar por medio de la influencia cuando no estés al mando. Es la clave para dirigir bien cuando lo estés.

ENTENDER LO QUE ESTÁ EN JUEGO

Ese día, cuando me senté en la oficina de Andy y respondí a sus preguntas, decidí que intentaría ser un líder distinto. Resolví que se había acabado la excusa de la falta de autoridad para echarles la culpa a los demás. Durante demasiado tiempo, mi actitud y mis respuestas a los problemas reflejaron pasividad, una sensación de que yo era víctima de mis circunstancias. Había creído la mentira de que dirigir significaba esperar hasta tener la autoridad de hacer lo que yo quisiera. Pero ese día entendí que eso no era verdad.

Creer la mentira de que la autoridad era un requisito previo para el liderazgo afectó profundamente a mi actitud. Influyó en mi forma de pensar respecto a mí mismo y a los retos con los que me encontraba. También impactó en mi conducta. Y esto tuvo un precio. Durante más de una década, mientras esperaba tener la autoridad para liderar, me perdí varias oportunidades que nunca volveré a tener. El temor a perder ocasiones (TAPO para quienes aman las abreviaturas) no solo es un miedo percibido: puede ser una realidad. Yo las perdí de verdad. No puedo pulsar el rebobinado. No puedo volver atrás e intentarlo de nuevo. Esos trenes ya pasaron.

Pero incluso peor que esto, esperar a tener autoridad para liderar erosionó los dones de liderazgo que tenía dentro de mí. La espera no me hizo más líder, sino al contrario. Y esto es así en todos nosotros, independientemente de quiénes seamos. Todos los seres humanos tienen una medida de liderazgo que se les ha cedido. Quizás no la reconozcamos de inmediato como lo que es, pero cada uno tiene la capacidad así como las oportunidades para influir en los demás y efectuar un cambio en este mundo. Y cuanto antes empecemos a avivar el fuego del don de la influencia, más crecerá. Por el contrario, cuanto más esperemos, sumidos en la pasividad y en la sensación de ser víctimas de las circunstancias y de las decisiones de los demás, más probable será que disminuyamos y silenciemos los dones del liderazgo dentro de nosotros. Cuanto más cómodo me reclinaba en mi sillón y veía pasar las cosas sin tomar iniciativa, más tenue sonaba mi voz. Esperar que los demás hicieran algo afectó de forma negativa al don de liderazgo que tenía en mi interior.

Cada uno de nosotros tiene una oportunidad única de crear algo *justo allí donde estamos*. No se requiere una autoridad especial, un título impresionante ni el despacho de la esquina. Aunque no te conozco personalmente, puedo garantizarte que tienes la oportunidad de crear un oasis de excelencia en el lugar donde te encuentras. El liderar no solo está en tu interior, ¡sino que es posible que dirijas bien! Por tanto, no te encojas hasta que alguien llame a tu número de teléfono. Pero tienes que saber que dirigir *sin* autoridad es más difícil que liderar con ella. Requiere un nivel de autoconciencia que pocos de nosotros estamos dispuestos a desarrollar. Y es que liderar sin autoridad significa que necesitas tener un claro entendimiento de tu identidad: quién eres como líder, al margen de cualquier título.

CAPÍTULO 2

CRISIS
DE IDENTIDAD

Al final de cada año, organizaciones como la *American Dialect Society*, *Merriam-Webser* y la *Oxford University Press* escogen una Palabra del Año. Es la noche cuando las estrellas del mundo de la palabra recorren la alfombra roja. Son los Oscars de las palabras.

En 2015, *dictionary.com* eligió *identidad* como Palabra del Año. Apuesto que las palabras que dieron origen a *identidad* fueron convincentes. Es evidente que las personas de *dictionary.com* habían tomado su decisión tras pasar algún tiempo examinando detenidamente los títulos. Y es que ese año vieron la luz un artículo tras otro que luchaban con algunas de las preguntas más complicadas y debatidas de nuestra época, preguntas respecto a la identidad.

- ¿Es posible que una persona nacida de padres blancos se *identifique* como negra? Rachel Dolezal parecía creerlo.
- Cuando las personas se *identifican* con uno u otro género que no sea aquel que le asignaron en el momento de nacer, ¿qué baño se les debería permitir usar? Houston, Texas, decidió esta cuestión con una votación a nivel de toda la ciudad.
- Si una funcionaria se identifica como cristiana, ¿debería su *identidad* como tal permitirle negarse a emitir licencias para matrimonios de un mismo sexo? En Rowan County,

Kentucky, Kim Davis fue enviada a prisión por tener esta convicción.

Las preguntas sobre la identidad están a la orden del día en nuestra sociedad. ¿Debería sorprendernos? Pocas cosas son tan cruciales para quien eres que tu forma de verte a ti mismo y cómo te ven los demás. El problema con la identidad es que es... inconsistente. Como la gelatina, clavarla a la pared es todo un reto. Los psicólogos Erik Erikson, Carl Jung y Sigmund Freud dedicaron su carrera a innumerables horas de investigación y escribieron volúmenes de teorías para responder qué es o qué no es la identidad. De modo que tal vez estés pensando: *Con toda esta investigación de alto nivel, ¿crees que tienes algo que añadir a la conversación?* Yo así lo creo. En realidad, creo que todos tenemos.

Cerca del núcleo de lo que hace de una persona un líder es el sentido de identidad. La forma en que te ves a ti mismo es determinante para tu vida y para las decisiones que tomes como líder. Tu sentido de identidad te dirige en cada situación. Es fundamental determinar el nivel de confianza que tienes cuando desafías a tu jefe en un desacuerdo. Establece tu sentido de seguridad cuando te enfrentas a las dudas. Es lo que te capacita para procesar tus emociones durante las conversaciones tensas.

> Cerca del núcleo de lo que hace de una persona un líder es el sentido de identidad.

Aunque gran parte de tu identidad se forma a una edad temprana, siempre está evolucionando. Por lo tanto, nunca es demasiado pronto o demasiado tarde para empezar a procesar tu sentido del «yo».

Tu identidad personal es incluso más crucial cuando estás determinando cuál es la mejor forma de liderar *cuando no estás al mando*. La mayoría de las personas en esta situación se centran en aprender nuevas conductas para compensar la falta de autoridad, pero el desafío llega a una profundidad mayor. Liderar bien sin autoridad formal tiene menos que ver con tu *conducta* y mucho más con tu *identidad*. Como el as de espadas, *quienes somos* supera *lo que hacemos* todo el tiempo.

Durante ese crisol de claridad hace unos cuantos años en la oficina de Andy, procesé toda una gama de emociones. Por una parte, me sentí inseguro, inadecuado, con ganas de encontrar una esquina en la que hacerme un ovillo. *¿Tengo lo necesario para liderar bien? Creo que he estado evitando pasivamente lo que se requiere para dirigir bien. ¿Es porque no tengo lo que hace falta para liderar bien? Me han puesto en esta posición. No me lo merezco. En realidad, no he hecho nada que justifique esta oportunidad. ¿Y si quedo en evidencia como un falso líder? ¿Y si no puedo hacerlo?*

Por otra parte, podía sentir mi orgullo amenazado, quería levantarme y defenderme. *¿Cómo te atreves a cuestionar mi capacidad de liderar? ¿Sabes lo difícil que es existir a tu sombra? ¿Imaginas las frustraciones que acarrea el intentar navegar por la complejidad de esta organización? Si por lo menos yo estuviera al mando... No estoy exactamente seguro de lo que haría, pero no haría que las personas se sintieran de esta forma.*

He descubierto que, en medio del remolino de emociones, mi capacidad de procesar mis pensamientos en calma, con la consciencia y la inteligencia emocional, depende en gran medida de la seguridad de mi identidad. Es como si todo el trabajo que he hecho, o no, para verme a mí mismo con precisión, estuviera en entredicho en ese momento. Si he dedicado demasiado tiempo a cavilar obsesivamente en mis fracasos y en lo inadecuado que hay en mí, se manifestará en mi respuesta. Si he malgastado demasiado tiempo repasando mis mejores momentos, también se verá. Si la identidad es algo, lo es todo.

Te diré esto ahora mismo: cada distorsión entre la autoridad que tienes y el liderazgo que ejerces puede atribuirse a una crisis de identidad. Ya sea el autoritario que mete a los demás «en un puño», el trepa hambriento de poder o el líder pasivo y renuente, cada distorsión del liderazgo está arraigado, en última instancia, en la cámara de identidad más importante que nunca. Cómo nos veamos a nosotros mismos afecta a nuestra capacidad de seguir o dirigir a los demás, y de descubrir el futuro que Dios tiene por nosotros. Y hasta que no sepas quién eres no puedes hacer aquello que Dios te ha llamado a hacer. Como veremos en este capítulo, antes de que Dios empuje a los hombres y las mujeres al llamamiento del deber, da forma y moldea su carácter hablando a sus identidades. Lo ha hecho conmigo, y creo que quiere hacer lo mismo contigo.

Kurt Vonnegut afirmó célebremente: «Soy un ser humano, no un hacer humano». Vonnegut era un ateo declarado, y presidente de la Asociación Humanista Americana, pero su observación es paralela a la visión ortodoxa cristiana de cómo nos creó Dios. Fuimos creados a imagen de Dios para *ser* algo antes de que recibiéramos órdenes de llevar algo a cabo. Esto nos dice algo sobre Dios, pero también mucho sobre la forma en que él nos ve. Otra forma de expresar esto es que nuestras identidades preceden nuestros actos; nuestras conductas fluyen de nuestras identidades. De modo que antes de que gastemos ninguna energía en lo que hacemos como líderes, en realidad necesitamos dedicar algún tiempo a quiénes somos como líderes, en especial cuando no somos nosotros quienes estamos a cargo.

LAS CONSECUENCIAS DE LA IDENTIDAD EQUIVOCADA

¿Hay algunos filmes que no puedes resistirte a ver cuando te encuentras con ellos mientras navegas por los canales? En mi caso se trata de cualquiera de las películas *Bourne*, *Algunos hombres buenos* y *Atrápame si puedes*. Estos filmes son como una gran pizza familiar. Resulta difícil comerse una sola porción, cuando hay más disponibles. Son verdaderas películas «Netflix and Chill», en el más puro sentido del término. *Atrápame si puedes* tendría ventaja sobre las demás, porque está basada en una historia real. Frank, si estás leyendo esto, ¿por qué no nos vemos algún día? Aquí tienes una rápida sinopsis de la trama por si tu iglesia ha boicoteado recientemente a Hollywood:

> Frank Abagnale, Jr. (Leonardo DiCaprio) creció en un hogar en el que impresionar a su padre lo era todo para él. Su hambre por tener su aprobación y su sed de emociones lo llevaron a suplantar a un médico, un abogado y el copiloto de una importante aerolínea. E hizo todo esto antes de su décimo octavo cumpleaños. Como parte del engaño, Frank no solo saltó de una profesión a otra, sino que también falsificó cheques por la bonita suma de millones de dólares. Todo esto condujo a un juego del ratón y el gato entre Frank y el agente Carl Hanratty (Tom Hanks) del FBI. Carl convirtió el capturar a Frank en su misión, pero este siempre iba un paso por delante.

Este film está por completo relacionado con la identidad. Mientras Frank luchaba por encontrarse a sí mismo, persiguió todo lo que quería ser. Como muchos de nosotros, iba en busca de una identidad en particular, por su deseo de agradar a otra persona. En este caso, procuraba hacer que su padre estuviera orgulloso. Parece bastante inocente, ¿verdad? Tristemente, intentar que sus padres se enorgullezcan de ellos es solo una de las trampas en las que caen los jóvenes líderes cuando no cuentan con una identidad firmemente establecida. Pero no es la única.

He descubierto que existen tres tipos de trampas comunes de identidad que enganchan a los jóvenes líderes, en especial cuando están intentando dirigir sin estar al mando. Todos hemos sido culpables de escoger entre múltiples pasaportes, hemos usado un documento de identidad falso, o hemos retocado la altura y el peso en el permiso de conducir. Esto es lo que quiero decir con cada una de estas cosas.

ESCOGER ENTRE MÚLTIPLES PASAPORTES

Al principio del film *El caso Bourne*, Jason Bourne entra en un banco de Zúrich. La única clave que tiene de su identidad es esta:

> 000–7-17-12–0–14–26
> Gemeinschaft Bank
> Zúrich

Al sufrir de amnesia disociativa, Bourne lo desconoce todo respecto a su identidad real, excepto que habla con fluidez varios idiomas, y posee un gran talento para el combate. Con su amplia sudadera cerrada hasta arriba, Bourne se abre camino con astucia por el banco, consigue abrir la caja fuerte de seguridad y se da cuenta de que su fotografía, con distintos nombres, está en múltiples pasaportes de distintos países. Me encanta esta escena, ¡porque resulta tan fácil absorberse en la crisis de identidad que está teniendo Bourne!

A menos que trabajes para la CIA (o tengas doble nacionalidad), es probable que no hayas tenido que elegir entre múltiples pasaportes para decidir quién vas a ser ese día. Lamentablemente, muchos jóvenes líderes pueden relacionarse con cambiar de identidad para encajar en sus circunstancias. Intentar ser extrovertido, porque crees que eso hará feliz a tu jefe, no es sano. Todos hemos visto a esa persona que procura ser el tipo divertido, porque le parece que esto le permitirá encajar. También hemos visto a esa chica que intenta ser la jefa cuando el verdadero jefe sale de la sala, porque cree que eso es el liderazgo. Escoger una identidad basándose en la situación y las circunstancias puede haberla funcionado a Jason Bourne, pero no nos servirá a nosotros.

Una cosa es determinar qué postura y qué acercamiento son adecuados para las circunstancias a las que te estás enfrentando. Otra muy distinta es que la inestabilidad de tu identidad haga que tu personalidad se tambalee, porque estés intentando encajar o porque creas que te ayudará a ganar. Todos hemos sentido la presión de ser lo que otros quieren que seamos. La mayoría de nosotros afrontamos esta tentación en la escuela secundaria. Tristemente, la cosa no acaba allí. No importa que seas el presidente de Estados Unidos o un mentor de estudiantes de la escuela superior: si tu identidad es inestable, en tu subconsciente pasarás de una identidad a otra para descubrir aquella que tú crees que los demás necesitan que tengas.

USAR UNA IDENTIDAD FALSA

Aunque algunos puedan no creerlo, en base a mi promedio de puntos válidos para entrar a la universidad, yo no era un gran bebedor cuando asistía a la Georgia Tech. Sin embargo, una noche usé una identidad falsa para entrar en el bar local llamado Moondogs. Era un lugar tan popular entre los estudiantes que la iglesia que estaba del otro lado de la calle recibió el apodo de Moondogs Methodist (esto sigue provocándome risa). Un jueves por la noche, me encajé bien el gorro, y me situé en la fila, ansioso, delante del enorme gorila, intentando memorizar la dirección, la estatura y el peso del tipo que fingía ser. Entré, pero tuve que sudar la gota gorda durante quince incómodos segundos, mientras el portero me miraba y remiraba, y examinaba mi documento de identidad.

Los impostores no duran mucho. Hacer cola con mi falsa identificación no solo era un compromiso de mi integridad; me creó verdadera angustia. No me sentía cómodo fingiendo, y sabía muy dentro de mí que no me funcionaría bien a largo plazo. Con todo, la verdad es que tú y yo fingimos todo el tiempo, sobre todo cuando estamos bajo presión. Lo hacemos mediante la proyección de la imagen de que lo tenemos todo controlado. Trabajamos más horas para asegurarnos de parecer competentes y comprometidos. La mayor parte del tiempo, estas cosas son tan sutiles que ni siquiera nos damos cuenta de que las estamos haciendo. Sin embargo, encontramos pistas en los matices de cómo contamos una historia, de los detalles que compartimos o no compartimos con los demás, y a quién le echamos la culpa cuando algo va mal.

Nadie quiere ser conocido como un impostor. Para los adolescentes, los estudiantes universitarios y los líderes jóvenes, que se les llama «farsantes» es un insulto indignante. A causa de esto, he visto a muchos jóvenes líderes admitir debilidades en nombre de ser ellos mismos. Me encanta la autenticidad de esto. Sin embargo, tenemos que encontrar el equilibrio entre admitir de verdad nuestras debilidades y excusarlas. Demasiados líderes jóvenes usan frases como «Así soy yo» o «Solo necesitan saber que he sido siempre así» para eludir ámbitos de crecimiento potencial.

¿Por qué sentimos la tentación de fingir? Usar un documento de identidad falso es una forma de esconder quiénes somos, y esto empezó muy atrás en el Jardín del Edén. Después de que Adán desobedeciera el mandamiento de Dios y comiera del árbol del conocimiento del bien y del mal, en Génesis 3, Dios buscó a Adán y le preguntó dónde había estado. Adán respondió diciendo: «Escuché que andabas por el jardín, y tuve miedo porque estoy desnudo. Por eso me *escondí*» (Génesis 3.10, énfasis añadido). Al haber quebrantado la confianza con Dios, Adán se estaba ocultando y no quería que él lo encontrara ni lo conociera. Fingir (o esconderse de Dios y de los demás) es una cuestión espiritual. Está arraigado en un fallo de confianza, en no creer lo que Dios afirma sobre nosotros. Llegaré a eso en un momento. Por ahora, todos podemos estar de acuerdo en que fingir es una consecuencia de la caída.

RETOCAR LA ALTURA Y EL PESO EN UN PERMISO DE CONDUCIR

¿Acaso no exageramos todos nuestra altura y el peso en nuestro permiso de conducir... solo un poquito? Yo siempre lo había dado por sentado. Durante el mayor tiempo seguí viviendo en el túnel del tiempo, pensando que seguía siendo un estudiante universitario. Mi permiso de conducir indicaba que pesaba ochenta y dos kilos, y cuando llegó el momento de renovarlo, me limité a añadir otros cinco kilos y lo di por bueno. Estaba muy seguro de haber ensanchado entre tres y seis centímetros en la cintura, pero ¿quién necesita medir de verdad esas cosas?

Las consecuencias de ser «generoso» en tu permiso de conducir son mínimas. Sin embargo, exagerar la generosidad en la forma de verte a ti mismo —tu identidad propia— puede tener consecuencias mucho más relevantes. Y esto puede tener doble dirección. Sinceramente, no sé qué es más perjudicial: ser demasiado crítico o tener una opinión demasiado alta de ti mismo. De una forma u otra, aceptar una identidad distorsionada es no vivir en la realidad, que acabará erosionando tu capacidad de liderar.

Pablo habla directamente de este problema en Romanos 12.3 (énfasis añadido): «Por la gracia que se me ha dado, les digo a todos ustedes: *Nadie tenga un concepto de sí más alto que el que debe tener*, sino más bien piense de sí mismo con moderación, según la medida de fe que Dios le haya dado». Una identidad distorsionada hará que tengas una opinión demasiado baja o demasiado alta de ti mismo, cuando el objetivo es pensar en ti *de la forma correcta*. Si te ves como alguien inferior, con frecuencia te considerarás no cualificado o indigno del liderazgo, y te perderás las oportunidades de hacer el cambio, y de crear algo grande con la responsabilidad que se te ha dado. Si tienes una opinión demasiado elevada de ti mismo, tenderás a sobreestimar tus aptitudes, y hasta llegas a apropiarte del mérito del trabajo de los demás, en un esfuerzo por promocionarte. Tendrás la inclinación de esconder tus errores y ponderar mucho tus éxitos, y vivirás en el temor constante de quedar en evidencia como un fraude.

Hallar la identidad correcta es un desafío constante para todo ser humano en el planeta. La tentación de escoger entre múltiples pasaportes, usar un documento de identidad falso o retocar tu altura y tu peso no desaparecerá nunca, pero cuando tu identidad esté arraigada en algo, es mucho más probable que vivas y lideres desde un lugar de estabilidad y seguridad. El resto de este capítulo es un intento de verter hormigón sobre la identidad que conducirá a la mejor versión de ti.

ASÍ SOMOS: LA ARQUITECTURA DE LA IDENTIDAD

Como puedes ver, tu identidad propia es complicada, así que expresémoslo en términos sencillos: *tu identidad es el concepto que tienes de ti mismo*. Son estas creencias básicas sobre ti mismo las que te repites a lo largo del día. La conversación constante más importante que mantienes en tu vida es la que tienes contigo mismo a diario.

Existen cinco componentes básicos de identidad y, para ayudarte a recordarlas, me he asegurado de que todas empiecen por «P». Son tu pasado, las personas que te importan, tu personalidad, tu propósito y tus prioridades. Consideremos cada uno más a fondo.

Tu pasado

Tu familia juega un papel importante a la hora de esculpir tu identidad. Y esto incluye factores como tu raza, tu clase socioeconómica, tu nacionalidad y tu género. Tu forma de ver a tu familia de origen y el linaje de personas de las que procedes determina la constancia y la coherencia de tu identidad.

Este eres tú *mismo en el tiempo*.

Cuando pienso en mi familia de origen, observo unos cuantos factores clave que han influido firmemente en cómo me veo. Tengo padres fabulosos. Mi padre es un hombre de carácter excepcional. De niño, siempre respetaba su capacidad de identificar cómo hacer lo correcto y cuál era la mejor actitud que se podía manifestar. Mi madre es la capitana de mi equipo de animadoras. Alguien me dijo una vez que la madre de Alejandro Magno, Olimpia, le repitió una y otra vez que era el hijo de un dios. Todos sabemos que no lo era (su padre era Felipe II de Macedonia); sin embargo, de un modo detestable, su madre tenía una opinión de él muy superior a la que él mismo tenía sobre sí. Mi madre no me dijo nunca que yo fuera el hijo de un dios, pero su fe en mis aptitudes y en mi potencial fue una fuerza poderosa a la hora de moldear mi identidad. Su viento en mis velas me empujó a seguir adelante cuando yo las habría arriado y habría regresado a casa.

Para aquellos de nosotros que somos cristianos, no podemos dejar de mencionar esa gran nube —y, a veces, no tan grande— de testigos (enumerados para nosotros por el autor desconocido de Hebreos) que nos precedió. Mi fe en Dios y los ejemplos de aquellos que vivieron antes que yo han tenido una profunda influencia en mi vida. Cuanto más he procesado mi propia identidad, más capaz he sido de identificar algunas de esas voces importantes de mi pasado.

¿De qué manera ha formado tu pasado el modo en que te ves a ti mismo? Merece la pena hacer un ejercicio que te ayudará a hallar tu ser en el tiempo consistiría en trazar un gráfico cronológico de tu vida, tomando cinco altos y cinco bajos de tu pasado y anotarlos por fecha. Si no lo has hecho nunca, es un extraordinario ejercicio para realizarlo con un equipo o grupo.

Las personas que te importan

Tu identidad no solo es cuestión de cómo te percibes a ti mismo, en base a tu pasado, sino también basándote en cómo sientes que los demás te perciben *hoy*. Las personas que te rodean en tus relaciones y funciones existentes dan clara forma a quién eres en el aquí y ahora. ¿Has sentido alguna vez como si fueras una persona distinta en diferentes periodos de tu vida? Todos hemos tenido esa experiencia, y se debe a que las personas con las que estamos en los diversos momentos de la vida tienen un profundo impacto en quienes somos. Las personas con las que tenemos relación afectan enormemente la forma en que nos vemos.

Este eres *tú en las relaciones*.

Recientemente hablaba yo con un buen amigo que me indicaba que sentía como si «se perdiera a sí mismo en su nuevo empleo». Al procesar esto juntos, empezó a identificar cómo las personas con las que trabajaba en esta organización en particular eran tóxicas para él. Sus valores eran tan opuestos a los suyos, y tanta presión y tensión constantes le estaban afectando profundamente. A todos nos gustaría pensar que las personas que nos rodean no cambian nuestra forma de vernos a nosotros mismos —que tenemos el control completo de nuestra identidad—, pero sencillamente esto no es verdad.

¿Quiénes son las personas que te rodean ahora mismo, y de qué modo afectan a la forma en que te ves? ¿Quién está de tu parte? ¿Quién no debería estar? ¿Qué voces son las que te hablan más alto ahora mismo? ¿De quiénes *deberían* ser las de mayor volumen para ti justo ahora? Presta atención a esas voces y a su volumen. Muchas de ellas están dando forma a tu identidad y, en algunos casos, tal vez ni siquiera seas consciente de cómo te está afectando.

Tu personalidad

Todos hemos nacido con algunas realidades programadas que también moldean nuestra identidad. Nuestro cuerpo físico, nuestras características y nuestros rasgos, nuestras emociones e impulsos, nuestros talentos y destrezas, todo da forma a cómo experimentamos la vida. Esto, a su vez, conforma nuestra autopercepción. Si eres sumamente ambicioso y te impulsan los logros, pero aun así te encuentras en una función o una organización estática y que no ofrece oportunidades de crecimiento o desarrollo, te vas a sentir frustrado. Si destacas en lo administrativo y tienes el profundo deseo de sentarte detrás de tu escritorio, centrarte en tu trabajo y anotarlo todo, pero la organización para la que trabajas es altamente relacional, sentirás que estás defraudando a los demás constantemente. El mayor desafío es cuando careces de autoentendimiento y no tienes claro cómo tu forma de ser interna afecta a tu manera de verte.

Esto es tu *ser interior*.

¿Cómo son tu temperamento y tu personalidad? Tienes varias formas de descubrir esto. Puedes usar RightPath, Myers-Briggs, StregthsFinder o Taylor-Johnson. En nuestra organización creemos que es fundamental que comprendas tu personalidad, tu inclinación y tus talentos. A causa de esto dedicamos montones de recursos a ayudar a las personas en este viaje del autodescubrimiento. Con cada persona que entrevistamos, usamos RightPath y StrenghthsFinder. Casi todos los equipos de nuestra organización han empleado a un experto en una de estas evaluaciones para facilitar una conversación en torno al perfil de cada persona, y cómo trabajar con otras que tengan perfiles distintos. ¿Por qué dedicamos tanto tiempo y esfuerzo a la autoconciencia? Porque cuanto más entiendas la composición de tu personalidad, mejor podrás entender de qué manera moldea tu identidad tus pensamientos, tus deseos y tus decisiones, y cuál es la mejor forma en que puedes trabajar con los demás.

Tu propósito

Todos hemos sido creados para tener un propósito, pero demos un paso adelante. Todos fuimos creados para *tener sed* de un propósito. Cada uno de nosotros tiene el deseo de ver y entender cómo encaja nuestra vida en la imagen panorámica. Cada uno de nosotros ha sido programado para desear una razón para vivir. ¿Por qué estoy aquí? ¿Qué puedo aportar al mundo de forma exclusiva? Estas clases de preguntas existenciales tienen más de un impacto en nuestra identidad de lo que admitimos. Lo que crees respecto a por qué estás en la tierra afectará profundamente a las oportunidades que veas disponibles para ti, y la forma en que deberías sacar provecho de ellas con tu tiempo, tus dones, tus talentos y tus energías.

Esto es la *mediación de tu ser*.

¿Cuál es tu único propósito en este mundo? La respuesta no suele caerte en la mano un día. Más bien es algo que disciernes a lo largo de tu vida. Pero no es algo que descubrirás reclinado en tu sillón con toda pasividad. Es necesario que dediques tiempo a luchar para conseguirlo. Información completa: a lo largo de los años, esto ha creado cierta inseguridad real en mí, porque nunca he sentido una misión personal y específica para mi vida. En el mundo de la iglesia, calificamos esto de «llamamiento». Pero este término me frustra realmente, porque he visto cómo las personas bienintencionadas se apropian de él y lo usan para una manipulación egoísta. Solo conozco a unos cuantos hombres y mujeres que tengan un propósito específico y personal, o una declaración de misión. Para el resto de nosotros, creo que Dios ha revelado suficientes propósitos suyos generales en este mundo para que nosotros los consideremos durante el resto de nuestra vida.

¿Qué tiene Dios que decir, pues, respecto a por qué existes? ¿Has dedicado tiempo a determinar cómo es el éxito en tu vida? Yo puedo decirte esto:

- Fuiste creado para algo o alguien mayor que tú mismo.
- Fuiste creado para contribuir a un bien mayor.
- Fuiste creado para aportar el bien a otras personas.
- Fuiste creado para cultivar el bien en otras personas.
- Ciertamente tienes una misión mayor que hacerte feliz a ti mismo.

El grado en que entiendas y sientas un propósito para tu vida afectará la medida de seguridad que tengas en tu identidad.

Tus prioridades

El último elemento que determina tu identidad es tu sentido de las prioridades. No me estoy refiriendo necesariamente a tu forma de priorizar tu vida respecto a tu familia, tu trabajo, tus amigos, etc. Estoy aludiendo a tus prioridades de las verdades que moldean tu identidad. Ahí es donde tu fe —o tu falta de ella— entra con mayor claridad en juego. Dios tiene algo que afirmar en lo que se refiere a nuestras prioridades, nuestros ideales más importantes, nuestras creencias, nuestras aspiraciones, nuestros valores y nuestras pasiones. Y tus prioridades darán forma a la forma en que tú te ves. Aunque gran parte de nuestra identidad es el resultado del contexto y de las circunstancias en las que nacemos, este es un aspecto de la formación de tu identidad sobre las que *puedes* tener cierto control.

Esto es tu *autodeterminación*.

En otras palabras, es cuando ejercemos nuestra voluntad de tomar decisiones y de determinar aquello que permitimos que nos defina. Decidimos lo que es más importante respecto a quienes somos. En mi vida ha habido dos valores claves a los que me aferro con cariño, y esas creencias han llegado hasta mí en medio de los fracasos y de los éxitos. Las dos verdades que han impactado mi identidad más que ninguna otra cosa son:

1. Porque he sido creado a imagen de Dios, soy un hijo escogido del Rey.
2. *Porque Dios me amó tanto* que Jesús murió por mí.

Necesitarás determinar tus propias prioridades. ¿Qué prefieres creer que tiene más importancia en ti? ¿Qué ideal o valor quieres priorizar respecto a ti mismo? Este aspecto de tu identidad es menos determinado que los demás, y establecer estas prioridades y atenerse a ellas requiere esfuerzo. Debes aprender a disciplinarte para mantener estas creencias ante ti para que puedan moldear continuamente tu identidad.

Tú eres tú y nadie más que tú. Sin embargo, eso no significa que debieras aceptar tu identidad de forma pasiva como algo fijo e inmutable. Merece la pena dedicar tu tiempo a abrirte paso por los diversos aspectos de tu identidad para entenderlos mejor, para crecer en autoconciencia y para determinar lo que es verdad respecto a ti.

Cuanto *más claro* tengas quién eres...

- más *coherente* serás con los demás.
- más *confianza* tendrás respecto a qué hacer.
- menos *preocupado* estarás por las opiniones de los demás.
- menos *confuso* estarás con tus emociones.

LAS VOCES QUE MOLDEAN TU IDENTIDAD

Cuanto más tiempo esté involucrado en el ministerio de la iglesia, más consciente soy del mucho tiempo que pasamos hablando de cómo suena la música, sobre todo en las que algunos califican de iglesias rocanrol. Ha sido una de las mayores sorpresas de mi vida laboral. (El tiempo que se pasa hablando de cómo suena la música solo se ve superado por el que se emplea comentando sobre los diseños de las camisetas. Si has dedicado algún tiempo al ministerio entre los estudiantes, ya sabes a qué me refiero). En lo que respecta al sonido, he descubierto que las opiniones en torno a una mezcla de audio del culto del domingo puede comerse toda la reunión del lunes por la mañana.

«¿No te parece que esa mezcla tenía demasiado bajo?».

«¿Por qué no podía oír más las guitarras?».

«Sonaba un poco más confuso ayer».

Cuanto más aprendemos de música y a cuanto más conciertos he asistido, más he llegado a ver lo importante que es la mezcla de audio para la experiencia del oyente. Pero existe otra mezcla de audio, una que la mayoría de nosotros no escucha nunca, que es incluso más importante que la que sí escuchamos. Es la que se produce dentro del auricular o el monitor de cada músico. Por lo general, cada músico tiene un par de altavoces intraauditivo con una mezcla única creada concretamente para ese músico. Durante el ensayo, oiré cómo los activan.

«Necesito más guitarra, menos coros».

«Las notas suenan demasiado fuerte en mis oídos».

«¿Podría escucharla más a ella y menos a la batería?».

En cualquier entorno, ya sea en el mundo de la iglesia o en un concierto, donde la música funciona bien, un verdadero músico te dirá: «Oye, el supervisor de monitor hizo hoy un excelente trabajo con la mezcla en nuestros oídos». Los músicos saben que un buen supervisor de monitor es el secreto de una buena experiencia musical para la multitud. Le da a cada músico lo que necesita para que pueda interpretar y participar unos con otros.

Cuando se trata de nuestra identidad, cada uno de nosotros tiene que interpretar el papel del supervisor de monitor. Somos responsables de la mezcla particular que estamos escuchando. Hay cosas que no podemos cambiar y otras que sí. Son muchas las voces que hablan de la mezcla de nuestra identidad y es necesario que mantengamos nuestros dedos en los selectores y los atenuadores para crear las mejores mezclas. Más jefe, menos pasado. Más papá, menos cónyuge. Más mentor, menos redes sociales. Algunas personas sienten la tentación de extender la mano hacia el botón de «silencio», pero esa no es siempre la mejor opción. Aunque hay voces que deberías acallar, la mayor parte del tiempo lo único que se requiere es un simple ajuste del volumen para encontrar la mezcla correcta. No silencies la voz de tu jefe, tu cónyuge, tu mentor o tu pastor, pero podría ser necesario bajar el volumen de su voz.

No afirmo conocer la mezcla correcta para ti. Tampoco sé qué volumen necesitas subir o cuál bajar. Pero, con la ayuda de tu comunidad, o quizás de un consejero profesional o un *coach*, tú mismo podrás descubrirla. *Es necesario que la descubras.* Lo que sí puedo señalarte es que por alta que pueda ser la voz de Dios ahora mismo, es probable que tengas que subir más el volumen. La realidad de este mundo es tal que la mayoría de las voces que escuchamos, incluso de las que son buenas, pueden ocultar la voz que con tanta urgencia necesitamos oír: la voz de Dios. Y tu identidad se moldeará mejor si permites que la voz de tu Padre celestial sea la más resonante en tu vida. Tu identidad es la correcta cuando dejas que se defina por aquello que Dios afirma sobre ti.

LO QUE DIOS DECLARA SOBRE TU IDENTIDAD

Dios tiene mucho que decir sobre tu identidad. Y nada ha afectado más mi liderazgo que escuchar lo que Dios tiene que decir al respecto. Cuando repasamos la historia del pueblo de Dios, existen muchos momentos en los que Él habla a la identidad de la persona con el propósito de prepararla para que tenga mayor influencia. ¿Recuerdas la zarza ardiente? ¿Cómo podrías olvidarla? Dios se sirve de un arbusto empapado de líquido inflamable para captar la atención de Moisés: «Estando allí, el ángel del SEÑOR se le apareció entre las llamas de una zarza ardiente. Moisés notó que la zarza estaba envuelta en llamas, pero que no se consumía» (Éxodo 3.2).

Esto tiene todos los adornos de un momento estelar: la aparición de un ángel, y no de uno cualquiera, sino el «ángel del Señor». Y hay un arbusto mágico y (señal para Tom Hanks en *Náufrago*) ¡que arde! ¿Y qué quiere Dios decirle a Moisés por medio de esta conversación? Esta es mi paráfrasis:

«Conozco tus debilidades. Sé muy bien qué es lo que no se te da bien. Sé que eres tartamudo. Sé que estás asustado. Sé que eres inseguro. Conozco tu pasado. Estoy al tanto de todo esto. Pero no quiero que esto te defina. ¡Tienes lo que hace falta! Bueno, no posees aquello que se requiere, ¡pero lo tendrás porque yo voy a estar contigo! ¡Ahora, ve! Y deja de preocuparte por aquello que no eres, ¡y céntrate en quien YO SOY!».

Existe una comprobación de identidad a la que todos tenemos que prestar atención. Pero esta no fue la primera vez que la identidad de Moisés había sido moldeada por lo que Dios afirmó sobre él. Me encanta lo que declara el autor de Hebreos respecto a ella, refiriéndose a un momento más temprano en su vida. «Por la fe Moisés, ya adulto, renunció a ser llamado hijo de la hija del faraón. Prefirió ser maltratado con el pueblo de Dios a disfrutar de los efímeros placeres del pecado» (Hebreos 11.24, 25). Moisés se negó a permitir que los demás lo definieran. Rechazó la que habría sido una identificación fácil para poder aceptar la identidad que Dios quería para él.

O considera la historia de Gedeón. Cuando este hombre entra en escena en el libro de Jueces, vemos que estaba muerto de miedo, y se escondía de sus enemigos en un lagar. «El ángel del SEÑOR vino y se sentó bajo la encina que estaba en Ofra, la cual pertenecía a Joás, del clan de Abiezer. Su hijo Gedeón estaba trillando trigo en un lagar, para protegerlo de los madianitas» (Jueces 6.11).

Gedeón era como el niño de la escuela secundaria que se esconde en el baño, con la esperanza de que el matón de la escuela no le robe su almuerzo. Está trillando su trigo en el lugar más extraño —un lagar— para que los madianitas no lo vean y se lo lleven todo. Ahora bien, desconozco cómo trillas tu trigo o cuáles son tus conocimientos sobre la trilla en general, pero era bastante raro trillar trigo en un lagar, por la forma en que se suele hacer este trabajo. El viento es un componente esencial para ello. Ayuda a separar el trigo de la paja. Por esta razón, era una tarea que se solía hacer en la cima de una colina, y no en el hoyo de un lagar.

¿Qué importancia tiene esto? Pues nos revela lo que Gedeón pensaba y cómo veía las cosas. ¿Qué visión tenía de sí mismo? Parece inseguro, carente de confianza, y hasta es posible que se sintiera indefenso; sencillamente estaba aterrado. Sin embargo, aunque está escondido en el lagar, como un cobarde, Dios tenía algo que decir sobre su identidad. «Cuando el ángel del Señor se le apareció a Gedeón, le dijo: ¡El Señor está contigo, guerrero valiente!» (Jueces 6.12).

¿Guerrero valiente? ¿Se habría confundido el ángel? ¿Habría entendido mal el mensaje, como en el juego del teléfono loco? ¿O acaso Dios estaba llamando a Gedeón a creer algo respecto a sí mismo que él no veía en ese momento? Dios estaba pronunciando verdad en la identidad de Gedeón, y le pedía que creyera algo que cambiaría su forma de conducirse.

Tan solo unos pocos meses después encontramos a un Gedeón que habla con sabor a artes marciales, que deambula por el campo, que amenaza como si fuera Brock Lesnar. Solo dos breves capítulos más adelante, cuando los oficiales de Sucot (que, oficialmente, es el peor nombre de cualquier ciudad... ¿por qué se valora así sukkót en Sucot?) se negaron a darle pan a sus tropas, esto es lo que Gedeón les dice: «¡Está bien! Cuando el Señor haya entregado en mis manos a Zeba y a Zalmuna, les desgarraré a ustedes la carne con espinas y zarzas del desierto» (Jueces 8.7).

«Les desgarraré a ustedes la carne con espinas y zarzas del desierto». ¿De dónde sale esto? Rastreo su confianza recién hallada y me remonto a lo que Dios le aseveró por medio del ángel del Señor. Gedeón es ahora, ciertamente, un poderoso guerrero.

Permíteme repetírtelo: tu identidad es más saludable cuando lo que Dios afirma sobre ti es lo más cierto.

LIDERAZGO SIN MIEDO

Quiero ser un líder sin miedo. Esté a cargo o no, quiero estar comprometido a hacer todo lo posible para ayudar a los demás, sin detenerme ante nada, ya sea que me venga bien para avanzar hacia un ascenso o no. Cuando mi identidad se tambalea, salgo de la casa por la mañana con carencia de la confianza para ser el líder que *Dios me ha llamado a ser*. Aquí tienes una verdad clave respecto a tu identidad en lo relacionado con tu liderazgo: *Si tú no crees lo que Dios afirma sobre tu identidad, no alcanzarás el potencial que él ha puesto en ti como líder*. Tu capacidad de ser un líder sin miedo está directamente arraigada en tu identidad.

Tengo un *coach* profesional llamado Dean. Tiene una aptitud única para abrirse paso por lo superficial y llegar al núcleo central de lo que ocurre realmente dentro de mí, cuando no estoy liderando como quisiera. Varios de nosotros en North Point nos reunimos con Dean, de modo que en la oficina tenemos una frase común para estas reuniones: «Has sido Dean-eado».

En una de esas reuniones yo estaba explicando una situación con un jefe, y Dean me señaló una escena del film *El primer caballero*.[1] Es la historia del rey Arturo, Lancelote, y un caballero de la Mesa Redonda. En la película, Richard Gere interpreta a Lancelote, y compite con un tipo llamado Marc, una bestia pelirroja mucho más fornida que él. Se puede sentir cómo Lancelote se cuestiona si tiene lo que se necesita cuando, de repente, en unos cuantos movimientos acaba arrebatándole la espada a Mark. Es bastante impresionante. Mark quiere saber cómo hizo Lancelote lo que hizo.

Mark: ¿Ha sido un truco?

Lancelote: No. Es mi forma de pelear.

Mark: ¿Puedo hacerlo? Dime. Puedo aprender.

Lancelote: Tienes que estudiar a tu oponente, para que sepas lo que él va a hacer, antes de que lo haga.

Mark: Puedo hacerlo.

Lancelote: Tienes que detectar ese momento único en toda pelea en el que ganas o pierdes. Y tienes que esperarlo.

Mark: Puedo hacerlo.

Lancelote: Y no tiene que preocuparte si vas a vivir o morir.

La última línea es la que más importa. «No tiene que preocuparte si vas a vivir o morir». Como líderes, la conclusión para nosotros es reconocer que los mejores dirigentes pueden tener o no toda la autoridad que necesitan o quieren, pero la seguridad de su identidad —sobre todo como alguien llamado y amado por Dios— les proporciona una libertad y valentía para hacer lo correcto. Son capaces de retar bien, de dirigir abriendo camino aun cuando no lo hay.

Los seguidores de Jesús deberían entender esto; pero la mayoría de las veces somos tan culpables como cualquier otro de dejar que nuestro temor nos paralice. Si tú crees que Dios controla de verdad tu profesión, ¿qué lugar tiene el miedo en tu vida? Esto no significa que debamos ser imprudentes. Si acaso, significa que tenemos la libertad de ser más disciplinado y paciente. No estamos sujetos a las frustraciones y las pasiones que podríamos experimentar en un día puntual; adoptamos la perspectiva más amplia y confiamos que Dios tiene un plan. Cuando Dios está conformando tu identidad, puede llamarte a honrar incluso más a tu jefe, pero también tendrás la libertad de retarlo con buenas intenciones, sin temor a decir la verdad cuando sea necesario.

Existen momentos en los que sé que *quiero* retar a mi jefe. Hay otros en los que sé que *necesito* retar a mi jefe. En algunos de esos momentos, vacilo porque quizás según la sabiduría no sería el momento correcto o el asunto es demasiado pequeño para sacarlo a relucir. Hay, asimismo, momentos en los que la sabiduría dicta que yo debería hacer algo, y me encojo de temor. Cada vez que respondemos con miedo, nos perdemos una oportunidad de liderar, y este fracaso de liderazgo es una cuestión de identidad. Cuando el temor me impide «liderar» como sé que necesito hacerlo, esto se debe a una distorsión en mi identidad. El temor ha vencido a ese que yo sé que podría o debería ser.

¿Pero qué hacemos al respecto? Si sientes temor dentro de ti, la mejor manera de afrontar esos temores es con *una sensación más sana del ser*. Subes el volumen de lo que es verdad respecto a ti, y escuchas lo que Dios afirma sobre ti. Al actuar así, tu identidad se ajustará. Y, conforme lo haces, también regulas tu respuesta al temor. «Sino que el amor perfecto echa fuera el temor. El que teme espera el castigo, así que no ha sido perfeccionado en el amor» (1 Juan 4.18). Este versículo capta una de las verdades más radicales que podemos conocer como hijo de Dios. Cuando entiendo la forma tan perfecta en que soy amado, ¿a qué tengo que temer? Si me aman perfectamente, ¿por qué no aceptar el riesgo? Si me aman perfectamente, ¿por qué necesito el sello de aprobación de los demás? Si soy perfectamente amado, ¿por qué le temería a un fracaso o a la incertidumbre de los potenciales resultados?

El temor prospera en ausencia del amor. El miedo domina tu identidad hasta que empiezas a colocarte bajo la cascada interminable, inagotable y siempre llena de gracia del amor que tiene tu Creador para ti. Él sostiene tu futuro. Te ama con perfección. Te acepta incondicionalmente. Lidera del mismo modo que crees que esto es verdad.

PENSAMIENTOS CAUTIVOS

Durante muchos años antes de mi función actual en mi trabajo con Andy, y de dirigir el mayor de nuestros campus de iglesia, trabajé con adolescentes. Una de las grandes frustraciones al trabajar con ellos es que son gobernados constantemente por sus sentimientos. En nuestra iglesia había un estudiante de la escuela superior que era como Tim Tebow cuando se encuentra con Jimmy «Superfly»

Snuka luchador de la década de 1980. Era un niño grande, muy inteligente y con una personalidad divertida. Yo le escuchaba contar lo deprimido que se había sentido. Y conocía la fuente de su depresión. Compartió conmigo lo mal que lo estaban haciendo sentir las redes sociales. Yo podía sentir el dolor que sus pensamientos y sus sentimientos le estaban provocando, y quería ayudar. De modo que le di el mejor consejo que sabía dar.

«Déjalo.

»Deja de leer las redes sociales. Borra las aplicaciones. Deja de tener esos pensamientos. Deja de sentir lo que sientes. Sencillamente, déjalo. Es así de simple. Basta!».

(Se me ha dicho que tengo el don de la misericordia, pero en realidad nunca me he hecho la prueba de los dones espirituales, de modo que aguantaré hasta hacerlo antes de emitir juicio alguno).

Como este estudiante, muchos de nosotros tendemos a ser pasivos con nuestros pensamientos y sentimientos. Los tratamos como si nos gobernaran, como si estuvieran a cargo de nosotros y no al revés. Olvidamos que nuestros pensamientos y sentimientos son *nuestros*. Los poseemos. Ellos no son nuestros propietarios. Al menos, no deberían serlo y ahí es donde tal vez necesitemos ejercer un poco de propiedad sobre ellos. No tienes que permitir que los pensamientos de temor, de ser inadecuado e inseguro, se apoderen de tu mente. Si lo haces, lentamente irán erosionando tu identidad y te harán ineficiente como líder. Pero no soy solo yo el único que te indica que hagas algo al respecto. Si eres seguidor de Jesús, se te ha enseñado a ejercer tu propiedad y llevar cautivos esos pensamientos. «Destruimos argumentos y toda altivez que se levanta contra el conocimiento de Dios, y llevamos cautivo todo pensamiento para que se someta a Cristo» (2 Corintios 10.5).

Demasiadas personas tratan con sus pensamientos y sus sentimientos como el maître de un restaurante. *Bienvenido, señor.*

Sr. Inadecuado, ¿cuántas personas asisten a su fiesta? ¿Solo usted, o espera a alguien más? Esta noche estamos bastante llenos, pero haremos lo posible para encontrarle una mesa, ya que ha tomado la molestia de venir. No tenemos que hacer eso. Si creemos que esos pensamientos perjudican nuestra identidad, seremos más agresivo al responder. En lugar de un maître, es necesario que nos ocupemos de nuestros pensamientos y nuestros sentimientos de temor, de ser inadecuado y de inseguridad como si fuéramos Liam Neeson en *Venganza*.

> No sé quién eres. No sé lo que quieres. Si buscas un rescate, ya te digo que no tengo dinero. Pero lo que sí tengo es un conjunto muy particular de aptitudes, unas destrezas que he adquirido a lo largo de una carrera muy larga. Son unas habilidades que me convierten en una pesadilla para gente como tú. Si sueltas a mi hija ahora, ahí acabará todo. No te buscaré. No te perseguiré. Pero si no lo haces, te buscaré. Te encontraré. Y te mataré.[2]

Nuestros pensamientos y sentimientos son mentirosos. Intentan decirnos algo que no es verdad. Elevar la voz de Dios por encima del volumen de estas mentiras es esencial para permitir que él forme un sentido saludable de identidad en ti.

DESARROLLO EN EL CUARTO OSCURO

Esta es la buena noticia. Si no tienes una imagen clara de tu futuro, y te sientes atascado o frustrado, quiero alentarte a no perder de vista las formas en que te estás desarrollando *ahora mismo*. Lo que estás haciendo ahora, como líder, aunque no estés a cargo, es increíblemente importante. Te estás desarrollando.

Los fotógrafos de la antigua escuela *desarrollan* sus fotografías, y ese proceso se realiza en cuartos oscuros. Si sientes que estás en un cuarto oscuro de tu vida, no pierdas de vista el desarrollo que se está produciendo. Precisamente porque no puedes ver los resultados tangibles a partir de lo que está ocurriendo ahora mismo, es necesario que confíes en que tu identidad está tomando forma. Y estas son las cosas que puedes escoger hacer —como respondes a tu jefe, a tus compañeros de trabajo, a tus circunstancias, a tus pensamientos y emociones, y a Dios—, y que moldearán tu futuro como líder.

Uno de los ámbitos que podrías necesitar tratar todavía es, sin embargo, la cuestión de la ambición. ¿Tienes el deseo de liderar? ¿Estás hambriento por ver cambiar las cosas? Algunos líderes jóvenes temen esa hambre, y la evitan hasta estar en posición de hacer algo al respecto. Otros se entregan a ella, pero no lo hacen de un modo saludable, sino de una manera egoísta y centrada en sí mismos. En el capítulo siguiente echaremos un vistazo a cómo plantear nuestra ambición de una forma sana.

CAPÍTULO 3

RECLAMA
KIBOSH

Según mis cálculos, dedicas la mitad de las horas en que estás despierto al trabajo. Esto hace que tu mundo laboral sea bastante relevante. Gracias, Capitán Obvio. Espero que esa sea una de las razones por las que este libro te resultó atractivo. Aunque su título empiece por «Cómo», soy perfectamente consciente de que haces muchas más cosas en tu día a día como líder que un puñado de «Cómos». Por tanto, antes de sumergirnos en el *cómo* del liderazgo cuando no estás al mando, es necesario que dediquemos algún tiempo al *porqué*.

El *porqué* del liderazgo es el motor que impulsa el tren de tu liderazgo. Estás motivado por algo que hay dentro de ti, y es necesario que sepas qué es. Cuando ese motor funciona mal, deberías detenerte, abandonar tu asiento, bajarte en la estación más cercana y encontrar una cafetería más que contemplativa para pensar un poco. Una distorsión en la motivación limitará tu liderazgo y provocará un montón de problemas que te seguirán allí donde te lleve tu vida profesional.

La distorsión que veo en muchos jóvenes líderes gira en torno a una palabra: *ambición*. Yo lo llamo distorsión por una razón. Creo que Dios ha puesto deseos dentro de nosotros: un deseo de más, de ver cambiar las cosas, de hacerlas mejor y de liderar. Pero esos deseos pueden torcerse con mucha facilidad. Y cuando la ambición

67

se distorsiona en nuestro interior, afecta a cada aspecto de nuestro liderazgo.

DEFINICIÓN DE LA AMBICIÓN

Manejar el hambre de ambición es complicado para cualquier joven líder. Saber cómo hacerlo como seguidores de Jesús es aún más difícil. La presencia de la ambición en un joven líder cristiano se dificulta por los entendimientos a menudo distorsionados de lo que significa perseguir la ambición como seguidor de Cristo. Los líderes de la fe están por todas partes en lo que respecta a este asunto, y produce todo tipo de paradigmas de liderazgo defectuoso. He oído decir a algunos líderes que es incorrecto seguir las ambiciones, mientras que otros han afirmado que es necesario que seamos más ambiciosos. He visto cómo la ambición destruye a líderes, y he visto cómo ha motivado a otros dirigentes a hacer lo que parecía imposible. Esta diversidad de opiniones sobre el tema complica lo que pensamos cuando sentimos el impulso de la ambición en nuestros corazones.

Esto es lo que sé que es verdad: todos tenemos ambición en nuestro interior. No intentes negarlo. Lo que hagas con esa ambición marcará toda la diferencia en tu capacidad de liderar, cuando no estés al mando. Tu forma de pensar en el presente sobre la ambición que hay dentro de ti es el producto de cómo seas tú y de tus mentores pasados. Sin embargo, lo que hagas con esa ambición por el camino es cosa tuya.

Cuando hablo a jóvenes líderes sobre el tema de la ambición, me hacen muchas preguntas.

«¿Está bien tener ambición?».

«¿Le parece bien a Dios la ambición?».

«¿Preferiría él que tuviera menos ambición?».

«¿O quiere que sea más ambicioso?».

Empecemos, pues, con una definición sencilla. ¿Qué es la ambición? Yo la defino como ese deseo fuerte que tenemos de hacer o lograr algo, aunque requiere un gran esfuerzo, enfoque y determinación. Merece la pena prestar atención a esa hambre que tienes, porque no es necesariamente algo malo. De hecho, es una parte clave del impulso que te mueve a cultivar la influencia. El deseo de la ambición puede adoptar muchas formas. Puede ser el deseo en ti de:

Crear arte hermoso.

Ayudar a que los otros alcancen su potencial.

Edificar espacio para que los niños se quiten de las calles.

Establecer una plataforma para dar voz a los que no la tienen.

Producir un gran acontecimiento para aquellos que han rechazado a Jesús.

En su forma más pura, no hay nada malo en la ambición. Es uno de los sellos distintivos del liderazgo. ¿La sientes? Empápate de ella, porque es buena. La ambición es lo que nos impulsa a querer más oportunidades, a tener mayor influencia y a contribuir en la misión general de la vida con mayor impacto. El problema para muchos líderes es que no saben qué hacer con ese impulso. Dejarla desenfrenada puede ser desastroso, pero acallarla tampoco funciona. Yo he probado ambas cosas. Apuesto a que tú también.

Aunque los líderes necesiten este impulso para liderar, la ambición no espera a que la autoridad aparezca. *La ambición no empieza como por arte de magia cuando se te pone al mando.* Creer que necesitas una posición de autoridad para ejercer tu ambición es una mentira, y tan pronto como se arraiga en ti, verás que pierdes la influencia que deseabas cultivar

> La ambición no empieza como por arte de magia cuando se te pone al mando.

y desarrollar. Peor aún, si no diriges tu ambición de forma buena y saludable, puedes distorsionarla, y algo pensado para hacer el bien puede ser manipulado por un motivo egoísta o un enfoque estrecho que no beneficia a nadie, sino a ti.

Las distorsiones de nuestra ambición pueden simplificarse en dos extremos. Como el péndulo que se balancea, estas dos manifestaciones son igualmente peligrosas. En mi propia vida he ido a ambos extremos en distintos momentos, cuando la ambición dentro de mí se ha distorsionado cada vez más. Cada uno de nosotros se inclinará naturalmente hacia un lado u otro, y muchos líderes se balancearán de un lado a otro entre estos dos extremos.

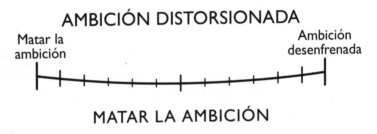

AMBICIÓN DISTORSIONADA

Matar la ambición

Ambición desenfrenada

MATAR LA AMBICIÓN

La primera respuesta de muchos líderes, en especial los que son cristianos, consiste en buscar formas de matar su ambición. Si te han enseñado a considerar la ambición como un peligro para el crecimiento espiritual, un impedimento para ser un seguidor de Jesús, la actitud espiritual es matarla. Al ser nuestros corazones engañosos por naturaleza (ver Jeremías 17.9), no podemos confiar en nuestros deseos. La ambición no refrenada puede ser tan solo un deseo egoísta. Conozco a muchos líderes de iglesia que luchan con su ambición, porque la consideran una expresión de egoísmo o el deseo de ser ascendido que puede producirse a expensas de los demás.

Si esto es verdad, ¿cuál es la forma más fácil y común de evitar esa clase de ambición? ¡Deshacerte de ella! Porque seguimos a aquel que afirmó: «Por tanto, si tu ojo derecho te hace pecar, sácatelo y tíralo» (Mateo 5.29), algunos líderes toman este acercamiento a su ambición: ahogan sus sueños, abandonan sus esperanzas y cesan de perseguir más. ¿Por qué? Porque no están seguros de cómo canalizar ese deseo de liderar y efectuar cambios que produzcan algo bueno y positivo. Otros pueden considerar ese deseo y su función presente, y decidir que como no han sido puestos al mando, no son la persona correcta para hacer algo al respecto. Han creído la mentira que vimos por primera vez en el capítulo uno: para tener influencia, es necesario estar al mando. Al no desempeñar una función de liderazgo, suponen que el deseo es incorrecto o pecaminoso, una señal de rebeldía quizás.

Aquí es donde me encontraba hace tan solo unos años. Cuando me convertí en pastor del campus, tenía mucha ambición para nuestro campus, para nuestros equipos y para mí mismo. Tenía grandes ideas en torno a cómo interactuaríamos con nuevos invitados, cómo sería nuestra cultura musical, cómo llevar la sinergia a los ministerios de estudiantes y niños, y cómo crear más energía en nuestros servicios adultos. Con razón o sin ella, me sentía atado de pies y manos por las estructuras de autoridad por encima de mí. Sin darme cuenta, la ambición y la visión del cambio que tenía dentro de mí se habían ido distorsionando. De modo que lo puse todo en silencio. Lo acallé, pensando que no era el tiempo oportuno. No fue hasta aquel momento crucial en la oficina de Andy cuando caí en la cuenta de que no estaba actuando con sabiduría ni de forma responsable con mi ambición. La estaba matando. Y hacerlo no es la respuesta.

Mirando en retrospectiva puedo ver dónde empezó mi ambición a desviarse del curso que estaba designado para nosotros. Fui criado en una iglesia donde el deseo de hacer algo *con* mi vida se confundía con demasiada facilidad con el deseo de hacer algo *de* mi vida. La ambición se declaraba ilegal en el nombre de la piedad y de la humildad. Las personas eran bienintencionadas, pero el mensaje era claro: mata a la ambición antes de que te mate ella a ti. Cuando se trataba de ella, yo creía que el rapero Ice Cube lo expresaba mejor: «Más vale que te compruebes a ti mismo antes de que te hundas tú mismo».

Recuerdo a un predicador itinerante, cuando yo estaba en mi último año de la escuela superior, que presentaba una opinión diferente sobre la ambición. Le dijo a nuestro grupo de jóvenes que necesitábamos tener una «ambición santa». En aquel tiempo, pensé que sería otra frase cristiana extraña, y un nombre terrible para un grupo musical cristiano de mediados de los noventa. Podía imaginar el anuncio sobre el sistema PA en el grupo de jóvenes: «¡Olvídense de los Backstreet, de los 'N Sync y de los 98 Degrees! No tienen que ir en busca de esto, porque esta noche tenemos al grupo más reciente que ha llegado al escenario de la música cristiana... ¡Santa ambición!». Den entrada a la pista. Suban al escenario. La multitud se vuelve loca. Al menos, así es como funcionaba en mi mente.

Creo que aquel predicador estaba en lo cierto. Y, aunque no voy a intentar venderte una banda llamada Santa Ambición, el término es útil, sobre todo para una multitud de iglesia en la que cualquier ambición se asocia estrechamente, con demasiada frecuencia, con la pecaminosa tendencia a buscar prominencia, agarrar poder y crecer en orgullo a expensas de los demás. En la iglesia se supone automáticamente que estas tres cosas son peligrosas compañeras de apartamento de la ambición, y que viven juntos en una *suite* de cuatro habitaciones universitarias con una cocina incorporada al salón. Y esa asociación crea confusión para muchos jóvenes líderes. Y es que en esto también hay verdad. Cuando se distorsiona nuestra buena ambición recibida de Dios, se puede manifestar en la egoísta necesidad de estar a cargo, de buscar reconocimiento o de ejercer control sobre los demás. Es evidente que estas distorsiones de la ambición son problemáticas y totalmente destructivas. Y, por esta razón, tantos jóvenes líderes, sobre todos los que se han educado en un entorno cristiano, son demasiado rápidos para matar su ambición.

Queda claro que el Nuevo Testamento tiene evidentes advertencias contra estas distorsiones de la ambición, y deberían infundir miedo en el corazón y la mente de cualquiera. El Nuevo Testamento habla en contra de cultivar las ambiciones —los deseos— motivados por el egoísmo en la persecución de la prominencia, el orgullo y el poder: «No hagan nada por *egoísmo* o vanidad» (Filipenses 2.3, énfasis añadido) y «Porque donde hay envidias y *rivalidades*, también hay confusión y toda clase de acciones malvadas» (Santiago 3.16, énfasis añadido).

Sin embargo, estas distorsiones de la ambición son solo eso: distorsiones. Están arraigadas en un deseo egoísta disfrazado de la ambición que Dios nos da. Tristemente, en nombre de la santidad y la humildad, en ocasiones retomamos nuestro impulso saludable por el liderazgo y le disparamos, sin darnos cuenta de que es un impulso que en realidad procede de Dios. Sin percatarnos de ello, matamos aquello que es la huella de Dios dentro de nosotros. Ampliaré esto más tarde.

Por ello entiendo por qué alguien intentaría deshacerse de la ambición, pero quiero argumentar que darle el tiro de gracia es como tirar al niño con el agua de la bañera. Es ir demasiado lejos: una opción nuclear que acaba silenciando cualquier don de liderazgo que Dios te haya dado. Erradicar, abdicar, renunciar, ignorar o matar la ambición dentro de ti no es la respuesta.

AMBICIÓN DESENFRENADA

En la cara B, en lugar de matar sus ambiciones, algunos líderes dejan que se desenfrene. Las aceptan sin criticarlas. Y todos hemos visto la ambición desenfrenada: es aquello que intentaban evitar aquellos que matan su ambición. Es el líder que solo piensa en sí mismo. El líder que le hace burla a los procesos y las estructuras, y pisotea a los demás sin importarle los daños que deja tras de sí. Algunos líderes no llegarán tan lejos, por supuesto. Pero en lugar de canalizar su ambición de formas saludables, permiten que la frustración tome el control, y piensan: *Tengo que estar al mando y lo conseguiré por cualquier medio necesario.* O: *Tengo que ser capaz de llevar la voz cantante, o no puedo trabajar aquí.* El extremo de matar la ambición se centra en una solución interna al problema, aunque el extremo de dejar que nuestra ambición se desenfrene tiende a centrarse en una solución externa. Buscamos culpar a los demás por nuestra falta de autoridad, contraemos un espíritu crítico hacia aquellos que están al mando, y acabamos saboteando todo aquello que buscamos. Por citar al doctor Phil: «¿Qué te funciona esto?».

Si te sientes restringido por aquellos que ostentan autoridad sobre ti ahora mismo, es posible que hayas tomado este libro como último recurso, una solución para tu situación actual. Tal vez esperes que este libro te proporcione las herramientas que necesitas para trabajar cerca de tu jefe, o para manipularlo y llevarlo a hacer lo que tú quieras. Quizás este sea incluso un esfuerzo desesperado antes de salir y encontrar otro trabajo con más oportunidades. O es la última gota que colma el vaso antes de que empieces algo propio, y que puedas por fin liderar como quieres hacerlo. De ser así, lo entiendo. Yo también me he sentido así. Me alegro mucho de que estemos hablando.

Sin embargo, también quiero decir que si ahora mismo estás pensando así, necesito aclararte esta idea: liderar cuando no estás al mando *no significa* que adquieras aptitudes para ir por delante, y evitar la autoridad que tienes por encima. Así como la respuesta de matar la ambición silencia algo que Dios ha puesto dentro de ti, la de permitir que se desenfrene fracasa al permitir que sea tu ambición —en lugar de Dios— la que ocupe el asiento del conductor. En ella hay algo bueno, desde luego. Un/a líder quiere lograr algo, porque esto es lo que hay dentro de él/ella. Pero entonces, esa mentira se arraiga: «Necesito estar al mando si quiero conseguir algo». En lugar de identificar y eliminar esa mentira, empezamos a fantasear con ella. Pronto empezamos a buscar formas de quitarnos a nuestro jefe del camino, o intentar trabajárnoslo/a en un esfuerzo por promocionar nuestro propio programa.

Amigos y familiares pueden alimentar, de forma no intencionada, esta distorsión con preguntas como:

«Entonces, ¿cuándo te vas a marchar de aquí para dirigir tu propio negocio?».

«¿Cuándo vas a encontrar un sitio que aprecie tus aptitudes y te asignen un puesto más importante?».

«¡Tu hermano está haciendo cosas tan extraordinarias en su trabajo! Tal vez algún día tú también lo hagas».

Cuando escuchas cosas como estas, tiendes a hallar la afirmación para el hambre que sientes por dejar que tu ambición se desenfrene, y piensas que hasta que salgas de debajo de la autoridad, en realidad no puedes hacer aquello a lo que has sido llamado y para lo que tienes talento. Piensas, *Dios quiere que yo lidere. Tengo el mandato de hacer esto. Por tanto, necesito conseguir la oficina de la esquina, el aparcamiento reservado, y el título de dirigente superior para hacer que esto ocurra.* Este tipo de ambición reafirma la mentira de que no podemos liderar de verdad hasta no estar al mando.

Algunos líderes ansiosos empiezan planificando una senda para escalar con medios no muy limpios, o incluso mediante el desarrollo de un plan de éxito. Todos hemos visto cómo esta distorsión deja a su paso una ola de consecuencias devastadoras. Estos tipos de líderes también abandonarán una organización demasiado pronto, y saltan de un empleo a otro, de iglesia en iglesia, con la esperanza de descubrir el boleto premiado que les permitirá estar al mando. Por supuesto, hay líderes que se marchan por buenas razones, tras buscar un sabio consejo o por el bien de todos los implicados, y podrías necesitar acabar abandonando también su función. Solo sé consciente de que nunca encontrarás ese lugar mágico donde puedas dirigir sin restricciones. No existe una iglesia ni una organización saludable que exista para los líderes que creen no necesitar tener que estar bajo autoridad alguna. El sueño de una frontera sin restricciones, donde puedas liderar de la forma exacta que tú quieres, cuando quieras y en la dirección que desees es una quimera. No existe.

Con cuantos más líderes hablo, más cuenta me doy de que ninguno se siente nunca totalmente al mando. Los directores ejecutivos responden ante juntas, los directores ante los superintendentes, los pastores ante los ancianos, y los oficiales gubernamentales ante el pueblo. La idea de una función donde puedas tener toda la autoridad y estar plenamente al mando solo se halla en una monarquía o en una dictadura.

Liderar sin restricciones y ceder a una ambición desbocada será la muerte de cualquier líder, porque Dios no pretende que nuestra ambición se desenfrene. No estoy diciendo que debas aguantar en una mala situación para siempre. Al final puede ser necesario que dejes tu actual empleo. Tienes que saber que si estás sintiendo una voz dentro de ti, que te dice que tu jefe es el único obstáculo entre tú y la vida con la que siempre has soñado, es una distorsión de tu ambición. No necesitas matar tu ambición, pero tampoco puedes dejar que se desenfrene. Afortunadamente, no necesitamos irnos a los extremos. Existe otra forma. Una manera mejor.

EL ORIGEN DE LA AMBICIÓN

He hablado con jóvenes líderes que tienen tantas ganas de ser buenos cristianos, que no permitirán ambición alguna. Y he conversado con otros que tienen tanta ambición que no les apetece ser buenos cristianos. Ninguna de estas es la respuesta. Existe un modo más centrado en Jesús que te permite aprovechar la ambición que Dios pone en ti, mientras permaneces donde estás.

Para entenderlo, es necesario que nos remontemos al origen de esa ambición que hay dentro de ti, el génesis de todo ello. Comprender tu pasado siempre aportará más claridad a tu futuro. De modo que necesitamos entender *qué* es la ambición, *de dónde* viene, *por qué* Dios la ha puesto en ti, y *cómo* aprovecharla con la finalidad para la que fue dada.

En el relato de la creación de Génesis 1, leemos sobre cómo nos hizo Dios: «Y Dios creó al ser humano a su imagen; lo creó a imagen de Dios. Hombre y mujer los creó» (Génesis 1.27). Tú y yo fuimos hechos a imagen de Dios. La *imago dei*. Fuimos sellados con su imagen, y esto se nos ha transmitido de generación en generación desde el principio de los tiempos. Si no has procesado el peso que esto tiene, ahora sería un momento genial para ello. *Cuando Dios te hizo, se tenía a sí mismo en mente.*

He tenido momentos hermosos e inolvidables de tener por primera vez a nuestros hijos en mis brazos. Y, en momentos y formas distintas, este versículo de Génesis me ha venido a la mente. Pienso en cómo esta pequeña delicia, este bebé que sostengo, fue formado a imagen de Dios. Este niño fue hecho, diseñado, formado y moldeado a la imagen del Creador, quien le atribuyó el más alto valor posible. Y ocurre lo mismo contigo y conmigo. Si la imitación es la forma superior de adulación, esta verdad habla directamente de nuestro valor. Eres lo más valioso, porque fuiste creado para ser como tu Creador.

Cuando Dios creó el mundo, le otorgó el honor más alto a la humanidad al crearnos a su semejanza, con sus características e imbuidos de sus propósitos. En la mitad de este hermoso acto, Dios mencionó el propósito para el cual nos creó. En el versículo siguiente, Dios proporcionó dos acciones de propósito. «Sean fructíferos y multiplíquense» (Génesis 1.28, énfasis añadido).

Dios nos bendice al darnos un propósito para vivir. Nos da un mandato, algo que hacer. En primer lugar, ordena: «Sean fructíferos y multiplíquense». ¡Esta es la parte divertida! Bromas aparte... permíteme ser el primero en afirmar que existen pocas cosas más aburridas que los pastores que recurren constantemente a bromas de sexo. Siempre me resulta un tanto incómodo, así que te ahorraré aquellos que acuden aquí de inmediato a la mente. Lo importante es que consideremos la motivación a «[ser] fructíferos y multipli[carse]» como un *regalo* y una *responsabilidad* que debemos administrar.

Añadiré que sin duda te gustaría tener una conversación con tus hijos y explicarles de «dónde vienen los niños», pero ellos acabarán imaginándoselo probablemente, porque lo llevan integrado. Sin embargo, solo por tenerlo no significa que entiendan *por qué* Dios se lo dio. Necesitan ayuda para comprender la razón de que se haya proporcionado y lo que Dios pretende que hagamos con ello. Él nos dio claramente ese impulso, pero también un contexto para ello. Del mismo modo que intentar matar la ambición no es una buena opción, acabar con el deseo de «[ser] fructíferos y multipli[carse]» tampoco funciona. Por este motivo, Pablo aparece con 1 Corintios 7 y aconseja que uno se case sin intentar matar el impulso sexual que lo consume. Si no lo controlas y dejas que se desenfrene, tendrá consecuencias negativas. La imagen clásica que proveemos a los estudiantes en nuestro ministerio es que «hacer fuego fuera de la chimenea es peligroso». Dios proporcionó un contexto para el impulso que nos dio, de modo que debemos descubrir el contexto y utilizarlo para bien. El sexo es un regalo fantástico, que no debería ignorarse. Dejar que se desenfrene llevará a todo tipo de problemas en esta vida, pero suprimirlo, ignorarlo y tratarlo como una maldición también es un gran error.

El sexo no es el enfoque de este libro, pero he hablado al respecto, porque lo que es cierto para ese propósito dado por Dios funciona del mismo modo para el siguiente que vemos en Génesis 1.28

(énfasis añadido): «[Dios] los bendijo con estas palabras: "Sean fructíferos y multiplíquense; llenen la tierra y *sométanla*"». Este mandamiento, «sométanla», es un mandato para el liderazgo y, en él,
vemos la pista para la tercera opción que hemos estado tratando, ese
término medio que nos ayuda a entender lo que deberíamos hacer
con la ambición que Dios ha puesto en nosotros.

El verbo hebreo que traducimos *someter* tiene mayor profundidad y sentido de lo que capta la traducción. Para entender por
completo la intención subyacente al mandamiento, tenemos que
recordar el contexto en el que Dios lo pronunció. ¿Dónde estaban
Adán y Eva? Se encontraban allí donde Dios los había colocado
cuando los creó: en un jardín. Si queremos comprender este mandato, hemos de tener el contexto del huerto del Edén en el centro
de nuestra mente.

ESPACIO PARA CRECER

Cada vez que llega marzo siento el vértigo impaciente de un cacho-
rrillo al pensar en plantar verduras. Ya sea el cambio del tiempo, la
actividad que le proporciona a nuestros hijos o la tentación que me
produce ver los anuncios en las ferreterías, solo tengo ganas de jardinería. Con esto no afirmo que se me dé bien. Resulta que no tengo tan buena mano para ello. Mi esposa, Jenny, se frustra bastante
conmigo porque ve mis intentos de horticultura como un completo
desperdicio de dinero. El año pasado, cuando el tiempo empezó a
ser más cálido, me aconsejó: «En lugar de tirar tu tiempo en ese
jardín, ¿por qué no te ahorras el trabajo y donas cien dólares a Home
Depot?». Al escribir esto, lloro dentro de mí.

Por la razón que sea, algo en mi interior cobra vida cuando
encuentro la combinación correcta de tierra y me ensucio las
manos al trabajarla. La visión de una semilla que he plantado y
que brota del suelo es emocionante, ¡y ese momento en que algo

está lo bastante maduro como para ser arrancado de la vid me hace sentir igual que un jefe! El año pasado, un pimiento sobrevivió a mis esfuerzos hortícolas, y yo desfilé alrededor de la cocina como LeBron en Cleveland con su trofeo de campeón.

Se puede decir que no soy el mejor hortelano, porque organicé toda una celebración por un pequeño pimiento. Pero por terrible que yo sea, estoy aprendiendo lentamente lo que hace falta para que crezcan estas pequeñas delicias vegetales. Estoy aprendiendo cómo someter a los elementos para que funcionen en conjunto y produzcan algo. Estoy aprendiendo a someter el agua para beneficio de las plantas. Estoy aprendiendo a someter la tierra para que los pepinos tengan suficiente espacio para florecer. Estoy aprendiendo a plantar justo en el lugar adecuado para someter la luz del sol para beneficio de las plantas. Estoy aprendiendo a plantar caléndulas alrededor del parterre, y someter así a los ciervos para que no se coman las fresas. Estoy poniendo todos los elementos que Dios ha provisto bajo mi control para el provecho de los pequeños vegetales a los que estoy sirviendo, para que tengan lo que necesitan para crecer, desarrollarse y convertirse en lo que tienen que ser. La obra de someter estos elementos para producir un resultado fructífero en la jardinería es una gran metáfora del impulso que Dios da hacia el liderazgo que fue colocado en nuestro interior al principio del tiempo. Esta es la razón.

El mandamiento de *someter* es algo profundo dentro de mí, y también está en tu interior. Sin embargo, solo porque esté en mí no significa que vaya a salir de mí según la intención de Dios. Y lo mismo ocurre en tu caso. Todos lo tenemos, pero siempre existe el potencial de que sea distorsionado, pervertido y cooptado.

HALLAR «KABASH»

Aunque no fui como «Doogie Howser» en el seminario, lo disfruté, pero sigo siendo muy consciente de que soy un practicante, no un erudito. Me apunté a los cuatro semestres estándar de hebreo, pero no soy un experto. Aun así, puedo interpretar el hebreo lo bastante bien para saber que el término hebreo para «someter» es interesante. En hebreo se ve así: שָׁבַ‏ּכ

Si tuviera que pronunciar esta palabra, y leerla de derecha a izquierda como se hace en la lengua hebrea, crearía el sonido kā·bǎš o *kavásh* o *kabásh*. Si no escupes en las páginas de este libro cuando pronuncias esta «k», es que no lo has hecho lo suficientemente fuerte. Sigue adelante. No pierdes nada con intentarlo. Para mí, decirla en voz alta es como comer una bolsa de Funyuns. No es tan bueno para ti, pero resulta difícil dejar de comerlas, porque es sencillamente divertido.

Al empezar a jugar con esa palabra en mi lengua, y prestar atención a su sonido, me pareció extrañamente familiar. ¿Te ocurre lo mismo a ti? Me recordaba esa expresión que suelen usar los ingleses: el término «kibosh». Como en *put the kibosh on that thing* [dar al traste con algo] o, en otras palabras, ¡basta ya! Fin. Se acabó. Hecho.

No hay muchos espectáculos que me hagan reír como *Seinfeld*. Si no la consideras una de las mayores comedias de todos los tiempos, no llegaremos a ser buenos amigos. A lo largo de años y años de formación mental, he condicionado mi mente a que funcione en dos niveles: uno de ellos es funcionar en la vida. En el otro, llevo mi vida según mi «Directorio *Seinfeld*», y establezco conexiones entre mi vida y diversos episodios de *Seinfeld*. Me ha llevado años de lo que algunos catalogarían de pérdida de tiempo y esfuerzo, pero en lo profundo de mí, me produce gozo. Y esto hace que me merezca la pena.

En el noveno episodio de la cuarta temporada, en una de las funciones titulada «La ópera», «Crazy» Joe Davola le deja a Jerry un mensaje fantástico en el contestador, en el que incluye el término «kibosh».

Jerry, Joe Davola. (*Joe empieza a escupir), tengo un pelo en la lengua. No puedo deshacerme de él (*sigue escupiendo). ¿Sabes cuánto odio esto? Claro que lo sabes. Tú lo pusiste ahí.

Sé lo que dijiste sobre mí, Seinfeld. Sé que les has hablado pestes de mí a los ejecutivos de la NBC: has dado al traste [kibosh] con mi acuerdo. Ahora yo voy a acabar contigo. Ya sabes que lo he hecho antes, y lo volveré a hacer.[1]

Si tienes unos minutos y yo puedo manejar esta clase de distracción, deberías hacerte un favor y visionar esa secuencia en YouTube. Te garantizo que te proporcionará treinta y siete segundos de carcajadas y una cantidad inconmensurable de risitas persistentes.

El término que Joe Davola usa, *kibosch*, es sorprendentemente similar al término hebreo que vimos en Génesis, *kabásh*. Nótese que en aras de la claridad, deletrearé estas dos palabras de forma distinta, pero debería añadir que cuando más estudié el mandato de la creación en Génesis 1.28, más convencido estoy de que el sentido de *kibosh* en *Seinfeld* es, de algún modo, un derivado del *kabásh* de Génesis. Revelación completa: he buscado y rebuscado para encontrar la etimología del término *kibosh*, pero al final no queda claro que ambos estén relacionados. Nadie sabe en realidad de donde salió esta palabra. Pero aunque no haya un camino claro de *kibosh* hasta *kabásh*, estoy convencido de que estas dos palabras deben ser parientes; primas, por así decirlo.[2]

Suenan parecido, y hasta podrían estar relacionadas, pero han llegado a significar cosas diferentes.

Kabásh /'kä bäSH/
Dominar, cultivar y organizar algo de tal manera que prospere, crezca y florezca.

«Llenen la tierra y sométanla»

Kibosh /'kī bäSH/
Poner fin a algo o deshacerse de algo con decisión
«dar al traste [*kibosh*] con mi acuerdo»

Kabásh, como vimos primeramente en Génesis, habla de la ambición que Dios nos ha dado para liderar: nuestro impulso para someter, cultivar y organizar de manera que este mundo florezca. Es algo bueno, un don que necesitamos administrar con creatividad y responsabilidad. Pero he aquí el problema: con demasiada frecuencia, ese buen *kabásh* se convierte en *kibosh*, una actitud de oposición y negatividad que mata la creatividad y esquiva la responsabilidad. Cuando cedemos al *kibosh*, estamos aceptando una distorsión de *kabásh*. Estoy convencido de que hemos tomado el buen mandamiento de Dios en Génesis 1 y lo hemos tergiversado. Puede no ser de manera intencionada, pero de algún modo hemos tomado el mandamiento de Dios de *kabásh* y lo hemos llenado con un nuevo significado: exactamente lo opuesto a la intención de Dios.

EL LÍDER KIBOSH

Uso estas dos palabras —*kibosh* y *kabásh*— como forma abreviada de pensar en dos clases distintas de líderes y dos formas diferentes de responder a la ambición. Es probable que hayas experimentado el tipo de líder *kibosh*. Jesús se refirió a este modelo de líder. Nos proporcionó una imagen de cómo se ve esto en los demás, y nos advierte en contra de seguir de la misma manera. En Marcos 10, los seguidores más cercanos de Jesús estaban discutiendo sobre quién tendría el título y la posición requerida para ser el líder, una vez Jesús se hubiera ido. Sin reprender su deseo por liderar, Jesús reprendió rápida y bruscamente sus opiniones desacertadas sobre el liderazgo. «Así que Jesús los llamó y les dijo: Como ustedes saben, los que se consideran jefes de las naciones oprimen a los súbditos, y los altos oficiales abusan de su autoridad» (Marcos 10.42). Los líderes *kibosh* son aquellos que manejan su autoridad con despotismo sobre aquellos que les han sido encomendados. Los líderes *kibosh* no aprovechan la autoridad para servir a los demás, sino a sí mismos. Revisemos nuestro gráfico de la Ambición Distorsionada, y veamos cómo se relaciona con el líder *kibosh*.

AMBICIÓN DISTORSIONADA

Matar la ambición   Ambición desenfrenada

Esperar el kibosh   Anhelar el kibosh

Vimos con anterioridad que existen dos formas de distorsionar nuestra ambición que recibimos de Dios. Cuando no estamos al mando, algunos de nosotros recurrimos a esperar hasta tener el mando para apretar el paso y dirigir. Escurrimos el bulto y nos limitamos a hacer lo que se nos pide. Cuando creemos la mentira de que a la autoridad se le exige liderar, ese buen deseo de *kabásh*, aceptar la creatividad y la responsabilidad que Dios ha colocado en nuestro interior —se convierte en *kibosh*— una negatividad egoísta hacia cualquier cosa que no nos beneficie directamente.

La sencilla respuesta de cómo *kabásh* se convirtió en *kibosh* es el pecado. Cuando Adán y Eva desobedecieron a Dios, el pecado entró en el mundo y lo distorsionó todo, incluida la buena ambición que Dios colocó dentro de nosotros, ese deseo de hacer algo grande o lograr algo de valor. La decisión fatal de Adán y Eva consistió en creer muy poco de Dios y demasiado de ellos mismos. Dios les dio pleno dominio de *kabásh para* toda su creación, pero les dio una estipulación: no coman del árbol del conocimiento del bien y del mal. Por la razón que sea, no creyeron que debían confiar en él, y desobedecieron. Este acto pone en marcha la evolución del *kabásh* a *kibosh*, desde la mayordomía de nuestra ambición para la gloria de Dios hacia una egoísta negatividad que solo procura lo que es mejor para mí y lo mío.

El deseo de gobernar o controlar sin límites es peligroso, pero así es la pasividad interna de aguardar a tener autoridad con el fin de liderar. Podríamos caer en la trampa de creer que depende de nosotros; si hay que hacer algo, debemos hacerlo al precio que sea, independientemente de los que ostentan autoridad sobre nosotros. Este extremo no opera en fe y dependencia de Dios, sino que confía en nuestras propias capacidades *al margen* de él. Muchos caen en la trampa opuesta: piensan que es necesario quedarse esperando hasta que Dios nos dé un cierto título o ascenso. Pero Dios no quiere que nos reclinemos en nuestro asiento. Él quiere que nos comprometamos de forma responsable a hacer la obra que Él nos ha encomendado dondequiera que estemos, con el título o la función que nos ha asignado en el presente.

La mentira de *kibosh* es que no se puede confiar en Dios, de modo que necesito aguardar con pasividad o tomar los asuntos en mis propias manos. Sin embargo, la verdad de *kabásh* es que Dios nos ha dado ambición, y cuando cultivo responsablemente esa ambición y gano influencia al responder a su llamado sobre mi vida, acabaré teniendo la autoridad de hacer lo que él quiere que yo haga. Esto es lo que separa a los líderes *kibosh* de los líderes *kabásh*. Los grandes dirigentes, jóvenes y viejos entienden que Dios es aquel que da autoridad, y que tener influencia es la senda hacia la autoridad y no al revés. Cuando aprendemos a confiar en que Dios es quien establece la autoridad, descubrimos que nos hemos convertido en los líderes *kabásh* según la intención de Dios.

Repasemos:

- Tienes ambición, porque fuiste creado con el impulso de crear, contribuir e influir en las cosas que te rodean. Vimos que matar esa ambición o permitir que se desenfrene producirá consecuencias negativas.

- En Génesis, Dios menciona la ambición que hay dentro de ti, y la denomina *kabásh*. Significa poner algo bajo tu control, de manera que pueda resultar más eficaz, más hermosa y más útil.

- A lo largo del tiempo, el *kabásh* que Dios te ha dado ha sido convertido por el pecado en *kibosh*, que significa poner algo bajo tu control para tu propio bien, por medio de la autoridad dominante.

- Cuando tu *kibosh* es pasivo, te deja aguardando la autoridad para liderar, abdicar de tu responsabilidad como alguien creado a imagen de Dios. Cuando el *kibosh* es activo se manifiesta, sin embargo, como una ambición egoísta que te hace trabajar por tu propio progreso y por la capacidad de controlar a los demás con miras a tus propios propósitos.

EL LÍDER KABÁSH

Dios quiere que vivamos el *kabásh* que él pone en nosotros, y que lo ejerzamos bajo su autoridad y para su gloria. En lugar de esperar a la autoridad para liderar o trabajar de formas egoístas para considerar esa autoridad para nuestros propios fines, quiere que resistamos al *kibosh* y reclamemos el *kabásh*. Esta es la senda para el verdadero liderazgo.

EL LÍDER KABÁSH
Vive el kabásh que hay en ti bajo su autoridad para su gloria

Matar la ambición — Esperar el kibosh — LA ZONA KABÁSH — Ambición desenfrenada — Anhelar el kibosh

Cuanto mayor me hago, más cuenta me doy de que, entre los extremos, suele haber una tercera opción. Crecemos pensando que la vida es blanca y negra. Como padre de cuatro hijos, sé que el cerebro de los pequeños de mi hogar tiene que desarrollar aún la capacidad de entender los matices de la vida. Cuando somos jóvenes, necesitamos figuras de autoridad que nos orienten respecto a lo que es correcto e incorrecto. Sin embargo, en algún punto, tenemos que formar nuestra mente para que resista al pensamiento simplista y dualista. Conforme crecemos en sabiduría y discernimiento, por lo general descubrimos que existe una tercera opción, una vía intermedia que capta mejor las realidades de la vida.

Esto fue lo que hizo Jesús todo el tiempo. Los maestros de la ley intentaban constantemente pillarlo en el blanco o negro, en un sí o un no, en escenarios buenos o malos, pero él trascendía el pensamiento básico de ellos con una tercera opción que hacía pedazos sus categorías. Por ejemplo, en Marcos 12, vemos a los fariseos en su intento por atrapar a Jesús con opciones binarias, pero él les ofrece una tercera vía. «Denle, pues, al césar lo que es del césar, y a Dios lo que es de Dios. Y se quedaron admirados de él» (Marcos 12.17).

Hasta el día de hoy, Jesús nos da a todos un camino a seguir. Su senda nos permite amar a las personas que están en situaciones problemáticas, mientras luchamos también por la justicia que él desea para nosotros. Su camino nos permite hallar contentamiento en nuestras circunstancias y también nos conduce a mejorar el mundo. Su camino reúne la plenitud de la verdad con la totalidad de la gracia. En sus enseñanzas, Jesús nos presenta un tercer camino que honra a Dios, uno entre los dos extremos de nuestro pecado.

El líder *kabásh* no necesita autoridad, sino que cultiva la influencia por medio de las relaciones. El líder *kabásh* sabe que la senda para avanzar no consiste en seguir adelante ni aguardar a que el juego acabe, sino apoyar a las personas y las ayudemos a prosperar. Como un experto jardinero, el líder *kabásh* da espacio para que las personas progresen y cultiva el crecimiento en los demás mediante tiempo, atención, cuidado y una amable corrección. La forma de liderar es servir, y la forma de crear algo grande es dar espacio a las personas para que se desarrollen de la forma en que Dios haya dotado a cada uno. El líder *kabásh* está marcado por la humildad, porque sabe que el orgullo nos enfrenta a Dios (ver Santiago 4.6). El líder *kabásh* es valiente, no porque posea fuerza interna, sino porque sabe que Dios es el único que controla el destino de todo hombre y mujer. El líder *kabásh* anhela organizar y crear para la mejora de todo, por el bien de los demás y no solo por el del líder. El líder *kabásh* usa su influencia para ayudar a que los demás avancen, y no para adelantar a los demás. El líder *kabásh* se derrama, y confía en que las misericordias de Dios que son nuevas cada día basten para llenarlos.

En lugar de matar la ambición que hay dentro de ti, ese deseo que Dios te ha dado para crear, yo te aliento a encontrar el tercer camino del líder *kabásh*. Es más poderoso que un título y más influyente que una posición. Es la forma en que Dios diseñó originalmente que tú lideraras.

AMBICIÓN PARA GLORIFICAR A DIOS

La verdadera prueba para el líder *kabásh* se encuentra en su motivación. Por tanto, conforme hurgues en tu ambición y descubras tus motivos para liderar, entenderás en primer lugar y mejor por qué deseas ser un líder. Para dirigir tal como se designó que lo hicieras, debes sopesar tu corazón y tus deseos. ¿Estás en esto por ti mismo o por los demás? Cada uno de nosotros debe responder a la pregunta: ¿para quién vivo? Como líder, puedes formularla de esta forma: ¿para quién estoy *liderando*? Los líderes *kabásh* entienden que el motivo para el liderazgo es ayudar a los demás para la gloria de Dios.

Cuando uno de los expertos en la ley le preguntó a Jesús respecto al mayor mandamiento, él fue derecho al grano, eliminó la confusión de esta pregunta y ofreció una respuesta inolvidablemente clara. Jesús no menciona aquí, de forma específica, la gloria de Dios, pero creo que en respuesta a la pregunta de lo que es más fundamental en lo que Dios espera de nosotros, no está dando una guía práctica de lo que podemos hacer para brindarle a Dios la mayor gloria y honra. Jesús replicó: «"Ama al Señor tu Dios con todo tu corazón, con todo tu ser y con toda tu mente"», le respondió Jesús. «"Este es el primero y el más importante de los mandamientos. El segundo se parece a este: Ama a tu prójimo como a ti mismo"» (Mateo 22.37-39).

Jesús nos enseña que el mayor mandamiento es amar a Dios. ¡De las cosas que se me ocurren, esta es la que más le glorifica! Sin embargo, él añade a esto un segundo mandamiento que también es claro. Lo que afirma es que para que vivamos plenamente el *kabásh* que Dios ha puesto en nosotros, de una manera que muestre amor por él, también tiene que ser por el beneficio de los demás, y no solo para el nuestro. Cuando una persona procura el *kabásh* para su propia gloria, acaba poniendo el *kibosh* en todos los demás.

Si escogiste este libro porque esperas que te sirva de hoja de ruta para descubrir tu próxima gran cosa, puedes soltarlo sin ningún problema. Si esperas que este libro te ofrezca algunos trucos buenos que te ayuden a construir tu propio reino, te vas a sentir decepcionado. No puedo ayudarte con eso. Pero si tus manos están abiertas a lo que Dios pudiera querer hacer por medio de ti, aunque esto signifique que nunca llegues a estar al mando, creo que te puedo ayudar. Y es que cuando el *kabásh* en ti se aprovecha bajo la autoridad de Dios y para su gloria, descubrirías que estás liderando de la forma en que estaba previsto que lo hicieras. Y creo que eso merece tanto tiempo como estés dispuesto a dedicarle.

PARTE 2

Las cuatro
conductas

CAPÍTULO 4

LIDÉRATE
A TI MISMO

No hay hombre o mujer totalmente absuelto de toda responsabilidad. Así como existen derechos inalienables, hay algo que se llama responsabilidad irrenunciable. Y esto significa que *cada uno* lidera algo. Todos estamos *a cargo* de algo, aunque solo sea de uno mismo. Cada uno de nosotros es responsable de sus propias elecciones y de las decisiones que toma. Todos debemos aprender a influir de la forma adecuada en nosotros mismos.

Para las personas que trabajan en la actualidad bajo la autoridad de otra persona, alguien ante quien tengan que responder, ¿cuál crees que es la excusa número uno para no hacer bien un trabajo? Aquí tienes algunas pistas: es una palabra. Es una persona. Y rima con «mequetrefe».

Cuando la mayoría de las personas piensan en los retos de liderar cuando no están al mando, la excusa más común a la que recurren para su fracaso es —sí, lo has adivinado—: su *jefe*.

- «Mi jefe no se metería en esto. Apenas presta atención a mis ideas».
- «Mi jefe no está abierto a los cambios. Ni siquiera inicia una conversación al respecto».

- «Estoy tan frustrado, porque mi jefe está completamente atascado en el pasado. Me refiero a que escucha, pero después no hace nada».

Es probable que, en algún momento, todos tengamos que trabajar para un mal líder, pero no es excusa. Afirmo esto incluso sin conocer tu situación. Soy consciente de que algunos jefes son inseguros, inconscientes, están a la defensiva y te intimidan si eliges ejercer algún tipo de liderazgo cuando todavía no estás al mando. Lo que voy a tratar en este capítulo puede parecer casi imposible. Pero permíteme preguntarte: ¿qué posibilidades hay de que todavía pueda haber algo que aprender en esta situación en la que te encuentras ahora mismo? Aunque sea una en un millón, me gustaría citar a mi amigo, y el tuyo, Lloyd Christmas: «Así que me estás contando que hay una posibilidad. ¡Sí!».

Cuando no estás realizando aquello que te gustaría llevar a cabo en la función que desempeñas, es natural buscar a quién echarle la culpa. Y el objetivo más fácil es tu jefe, sobre todo cuando ya has decidido que es un mal líder. Cuando emites un juicio sobre alguien, de manera específica sobre tu director, estarás buscando constantemente conductas que justifiquen la opinión que te has formado sobre él o ella. A continuación, con tu parecer ya bien asentado, buscarás cualquier razón posible por la que nadie tendría, o podría tener, éxito en tu lugar. Es una profecía de autoderrota en la que tú mismo te exculpas por tu falta de liderazgo.

EL PASE

¿Recuerdas haber pedido un «pase» en el instituto? Yo sí. Con toda nitidez. Estando en décimo grado, en la clase de historia de EE. UU., el señor Truhett tenía una imagen laminada de Han Solo y Chewbacca que decía: «Pase: ¡Es peligroso ir Solo! Lleva un Wookie contigo». ¡Esto sigue haciendo que me parta de risa! Si eras capaz de hacerte con el pase, podías deambular por los pasillos, curiosear esta o aquella aula de la escuela y encontrar a alguien con quien establecer contacto visual y, con un poco de suerte, distraerlo. Si alguien intentaba detenerte, ¡no tenías más que enseñar el pase de Solo y Chewy!

El pase es algo peligroso. En la escuela, excusaba cualquier tipo de conducta. Podías hacer lo que quisieras en el pasillo y con solo mostrar el pase, tenías una salida. Sin embargo, al final no nos ayuda. Está bien en el momento, pero nos impide aprender cosas en clase que necesitamos realmente aprender. Nos impide experimentar aquello necesario para crecer. Todos nosotros necesitamos ser precavidos al usar el «pase» también en el liderazgo.

Si quieres crecer como líder, te ruego que te resistas a la tentación de usar el «pase» de «tengo un mal director». Aunque estés trabajando para un mal líder, al menos puedes usar esta oportunidad para aprender cómo evitar convertirte en ese líder al que desprecias, cuando otros trabajen para ti en el futuro. Al final de este capítulo, ofreceré algunos pensamientos que pueden resultarte útiles. Tal vez te estés enfrentando a una de las preguntas más duras que afronta el líder que no está al mando, pero que va creciendo: cuando trabajas para un mal líder, ¿cuál es el momento en que se debe cortar y avanzar? Hasta entonces, quiero convencerte de una poderosa verdad que todos necesitamos aprender antes de ir culpando a nuestros directores y excusándonos nosotros del llamado recibido de Dios para liderar.

DETERMINAR LA RESPONSABILIDAD

Esta es la verdad que necesitas saber: *Tu jefe no está a cargo de ti. Eres tú quien lo estás.*

Hace unos cuantos años, nuestro cómico hijo, Jake, vino a casa después de la guardería y soltó una verdad como un puño, una que me sigue retumbando en los oídos. Fue en torno a las cinco de la tarde, y yo acababa de regresar a casa del trabajo.

—Hey, colega, ¿qué tal la escuela? —le pregunté.

—Bien —respondió.

Después de todo, es un varón. ¿Qué otra cosa se suponía que contestara?

Entonces pasó a ofrecer unos pocos detalles más.

—Hey, Papi, ¿sabes una cosa?

—No, no lo sé. ¿Qué ocurre?

—Yo estoy a cargo de mí mismo.

Por instinto, le lancé una mirada a mi esposa. Básicamente, mis ojos inquirían: «¿Quién le está enseñando esta basura?».

Jenny pasó a explicar que la maestra de Jake en preescolar hace todo un drama de esa declaración. Esta profesora no puede hacer que Jake recoja sus juguetes cuando acaba de jugar con ellos. No puede obligarlo a comer la comida. No puede evitar que golpee a Will por llamarle «pepita de pollo». Y tengo que admitir, que ella está en lo cierto. Jake está a cargo de Jake.

He recordado tantas veces esta conversación, por la implicación de que esa verdad es sumamente poderosa para cada uno de nosotros. No solo es verdad para los niños de tres años; también lo es para los adultos de treinta y uno. Tú estás a cargo de ti. Eres responsable de tus emociones, de tus pensamientos, de tus reacciones y de tus decisiones. Es la ley de la responsabilidad personal, porque cada uno es responsable de liderar algo, aunque ese algo seas tú mismo.

Cuando no estás al mando, la tentación más común a la que te enfrentarás es la de abdicar de tu responsabilidad. «Si ellos hubieran querido que yo asumiera responsabilidad, me habrían puesto al mando. Y como no estoy a cargo de todo, no lo estoy de nada».

Pero esto es peligroso. Esta actitud no es la prueba de una falta de liderazgo; es una señal de un *mal* liderazgo. Recuerda, todos somos líderes. Tú tienes liderazgo en ti, y si resulta que abdicas de la responsabilidad, por no estar a cargo, el primer paso consiste en reconocerlo. El segundo paso es resolverlo. Y esto nos lleva a la segunda verdad que necesita saber un líder: *Cuando no estás al mando, todavía puedes asumir el cargo.*

Si traducimos esto a una pregunta: «¿De qué deberías estar al mando?». Gran pregunta. Para empezar, la respuesta eres tú. Deberías hacerte cargo de ti.

EXPECTATIVAS QUE NO VIENEN A CUENTO

Con demasiada frecuencia oigo decir a los jóvenes líderes de nuestra organización: «Estoy demasiado frustrado, porque no puedo encontrar a nadie que invierta en mí». Esto hace que me suba por las paredes. Prefiero tener la cabeza cosida a la moqueta que oír cómo alguien se queja: «No puedo encontrar a nadie que invierta en mí». Si no tienes un buen líder, no escurras el bulto. Tal vez, solo tal vez, la razón por la que no te están dirigiendo bien es que tú no te estás liderando bien a ti mismo. Antes de ir echándole la culpa a tu director, intenta aplicar la sabiduría del rey del Pop. «Yo empiezo por el hombre del espejo. Le pido que cambie sus maneras».[1] Personalmente, no puedo leer esas letras sin cantar en mi cabeza.

La idea es que tu mayor responsabilidad como líder es dirigirte a ti mismo. MJ no tenía razón en todo, pero creo que en esto estaba acertado. Si quieres ver el cambio, empieza por la persona del espejo.

Una de las conversaciones que menos me gustan en la iglesia gira en torno al concepto de «profundizar». Cada unos pocos meses, alguien se acerca a mí en el vestíbulo, después de nuestros cultos. Empiezan comentándome que parezco haber perdido peso. Intento no derramar el sarcasmo por todas partes, de modo que respondo: «Bueno, gracias, pero no, en realidad no. Pero tú pareces tener una queja. ¿Qué te preocupa?».

Entonces es cuando sueltan la bomba. «Clay, yo solo... es que no siento que estemos profundizando lo suficiente». Hmmm. ¿Estamos en la clase de buceo o en la iglesia? Estoy un poco confuso. ¿Has oído esto antes? «No estamos profundizando lo suficiente». La respuesta correcta en esta situación es un «mugido» cristiano. «Hmmmmmm. Amplíame eso que dices».

Intento que se aclaren con lo que quieren decir. Por lo general, pregunto: «¿Qué insinúas con "profundizar"?». Y ellos responden: «Bueno, desearía que pudiéramos sumergirnos en todo el Antiguo Testamento».

Entonces, allá voy: «Muy bien, eso es fantástico. He pasado muchos años en el seminario, de modo que si quieres sumergirte en profundidad en el Antiguo Testamento, podríamos hacerlo. Sin embargo, permíteme hacerte primero una pregunta. ¿Has empezado a leer el Antiguo Testamento por ti mismo?».

Siempre parecen ofendidos cuando les formulo esta pregunta, con una mirada que indica «¿Y eso qué tiene que ver?».

Bueno, ¿qué tiene esto que ver? Gran pregunta. Tiene todo que ver con todo. ¿Por qué? Porque si careces del impulso de empezar a leer el Antiguo Testamento por ti mismo, ¿cómo diantres esperas que otra persona te lleve y se sumerja contigo en él? Antes de que los demás puedan liderarte, debes aprender a liderarte a ti mismo. Necesitas ser dueño de tus deseos y ambiciones; nadie puede conducirte más lejos de donde tú mismo te estés llevando. ¿Has experimentado la frustración de intentar dirigir a alguien que no se está liderando bien? ¿A un adolescente, quizás? Es desesperante.

Como reza el dicho: «Preferiría dirigir caballos de carrera en lugar de acarrearlos».

Dirigir a un caballo de carrera es emocionante.

Acarrear un caballo de carrera es agotador.

Resulta fácil culpar a alguien por no liderarte bien. Resiste el impulso, aprópiate de tu ambición y empieza a liderarte a ti mismo.

FIEL EN LO POCO

Poco me ha faltado para tatuarme esta cita de Tom Watson, expresidente de IBM, en el brazo. (Aunque esto resultaría superextraño, estoy seguro.) «Nada demuestra, de forma más concluyente, la capacidad de un hombre de liderar a otros como lo que él haga a diario para liderarse a sí mismo».[2]

Vivimos en un tiempo en el que cualquier persona, cualquiera que sea su edad, desde cualquier parte del mundo, puede hacerse famoso. ¿Lo has notado? Es bastante asombroso. Me encanta y lo odio al mismo tiempo. Desde la fama de la expresión «cejas impecables» a la del «Hide ya kids» de Antoine Dodson, o al tipo que ganó un concurso de talento por hacer que una botella de agua gire en el aire y aterrice perfectamente de pie sobre una mesa, la fama instantánea siempre parece estar justo al doblar la esquina. Cualquiera de nosotros se encuentra a una entrada de hacerse viral y conducirnos al programa *Weekend Update* en *Saturday Night Live*. Eso es bastante guay. Y bastante espeluznante.

Algo que no se va a hacer viral es lo que estés haciendo para liderarte a ti mismo. Y digo esto porque no es *sexy*. No es de interés periodístico. Podría no ser siquiera digno de mención, pero decididamente vale la pena. Es la disciplina de las pequeñas cosas. Cada vez que eres puntual, que le dices a alguien que le vas a enviar un documento mediante correo electrónico y haces el seguimiento, que lees algo para mejorar, que acabas una sesión de ejercicio o una clase, cada una de las veces que te niegas al impulso de comprar en Costco, estás ejerciendo algo que nunca llegará a ser viral, pero que es increíblemente relevante.

Jesús estaba haciendo una declaración respecto a la mayordomía, cuando afirmó «El que es fiel en lo muy poco, también en lo más es fiel» (Lucas 16.10, RVR60), pero en sus palabras estaba implícito que hay tanto más en juego en tu forma de liderarte a ti mismo que sencillamente en liderarte. Con las pequeñas elecciones que hagas cuando nadie más esté mirando, cuando solo estén tú y Dios, le estás demostrando o refutando a Él (y a ti) tu futura capacidad de liderar a los demás. Cuando un líder más joven me comenta que está frustrado por no tener aún voz ni influencia, la respuesta que le doy es que siga siendo fiel en liderarse bien a sí mismo. Nunca puedes equivocarte al tomar esta decisión.

PLAN DE JUEGO

¿Cómo se ve esto, pues, en la práctica? Esto requiere tres cosas simples. Nunca olvidaré al doctor Howard Hendricks diciéndole a nuestra clase: «Si ustedes creen que esto es demasiado sencillo, recuerden que Jesús pidió: "Apacienta mis ovejas" y no "Apacienta mis jirafas"». Por tanto, aunque estas tres cosas sean simples, no creo que sean simplistas. Son lo bastante fáciles para entenderlas, pero dominarlas requerirá toda una vida.

Primer principio del autoliderazgo: modela la condición del seguidor.

Si quieres liderar bien cuando no estás al mando, es imperativo que aprendas cómo *modelar la condición del seguidor*. ¿Qué quiero decir? ¿Sabes cómo seguir bien? ¿Sabe el equipo que te rodea que tú sabes seguir bien? ¿Dirían de ti: «Oh sí, ella respalda por completo al líder» o, «Sí; desde luego. Él apoya cien por cien a su líder»? La mucha palabrería y el cotilleo de oficina no pueden formar parte de tu vida si quieres hacer las cosas bien. En un intento por conectar con tus compañeros de trabajo, o incluso de ponerte a ti mismo por encima, de hacer de menos a tu jefe mediante el cotorreo inútil en realidad te hiere más a ti que a él o ella. Tu autoridad moral es inmensamente más importante que tu autoridad posicional, y nada erosiona más la autoridad que socavar a la persona a la que afirmas seguir.

El primer paso para dominar el convertirse en un líder que dirige bien cuando no está al mando es cómo ser modelo de lo que significa ser un seguidor. Cuando los demás vean tu forma de responder a un mal jefe, a una decisión terrible o a cómo manejas el estrés de verte sobrecargado, empezarán a verte como un líder, aun cuando carezcas de la autoridad formal para liderar. En estas situaciones, tu autoliderazgo desarrollará influencia, y te preparará para situaciones futuras a las que puedas enfrentarte.

Segundo principio del autoliderazgo: monitoriza tu corazón y tu conducta.

¿Qué es más fácil de monitorizar, tu corazón o tu conducta? La verdad es que ambos son difíciles. Los sentimientos y las emociones de nuestro corazón son invisibles y difíciles de ver en el espejo. Pero nuestro comportamiento también tiene el potencial de traicionarnos. Todos nosotros nos hemos comportado como no queríamos o no hemos actuado respecto a algo en lo que sí queríamos intervenir. Monitorizar tu corazón implica comprobar esos motivos y las emociones profundamente arraigados y las emociones que encierras dentro de ti, y orientan tus conductas. Con solo una pizca de curiosidad e iniciativa, nuestros comportamientos pueden ser inicialmente más fáciles de identificar.

Monitorizar tu corazón requiere comprobar de forma constante tus motivos y tus sentimientos ante Dios. Existe una buena razón por la que a David se le denomina «un hombre según el corazón de Dios». Revisa cuántas veces desnudó él en los Salmos su alma delante de Dios, y le suplicó que le ayudara a mantener su corazón puro.

> ¿Cómo puede el joven llevar una vida íntegra?
> Viviendo conforme a tu palabra.
> SALMOS 119.9

> Examíname, SEÑOR; ¡ponme a prueba!
> purifica mis entrañas y mi corazón.
> SALMOS 26.2

> Examíname, oh Dios, y sondea mi corazón;
>   ponme a prueba y sondea mis pensamientos.
> Fíjate si voy por mal camino,
>   y guíame por el camino eterno.
> SALMOS 139.23, 24

Nadie puede hacer esto por ti. Tienes que tomar la decisión de comprobar constantemente las emociones de tu corazón. ¿Se han arraigado los celos en tu corazón? ¿Está captando alguien la atención que tú crees merecer? ¿Sientes enojo hacia tu jefe por algo que ha sucedido en el pasado? ¿Estás frustrado porque te hayan pasado por alto para un ascenso o para una responsabilidad mayor? Liderarnos a nosotros mismos requiere monitorizar esos rincones oscuros de nuestro corazón donde se encuentran estas emociones peligrosas. Monitorizar tu conducta debe ser algo horizontal (con los demás) y vertical (con Dios). Esto significará formular algunas preguntas duras a los que te rodean.

Hace algunos años realicé una transición laboral bastante relevante. Durante ese cambio, alguien me recomendó que leyera *Los primeros 90 días: estrategias de éxito decisivas para nuevos líderes*.[3] Lo hice, y resultó fantásticamente útil. Una recomendación que hace el autor, Michael Watkins, es solicitar tanta retroalimentación como sea posible de tu antiguo trabajo antes de saltar directamente al nuevo. Estaba leyendo esto justo en el momento oportuno. Sin su consejo de evaluar mis vulnerabilidades, yo me habría lanzado directamente a mi nueva función, por lo ansioso que estaba de asumir la nueva responsabilidad. En su lugar, sometí a una encuesta informal, anónima y completa a unos cincuenta compañeros de trabajo que tuve en mi puesto anterior. Les formulé tres sencillas preguntas:

1. ¿Qué hice en los años pasados que te inspiró?
2. ¿Qué hice que te frustró?
3. ¿Qué desconozco sobre mí mismo que se haya convertido en un ángulo muerto?

Recibí un montón de retroalimentación positiva. Tristemente, no recuerdo nada de aquello. Solo me acuerdo de unos pocos comentarios que han provocado cambios importantes en mi forma de funcionar en el trabajo.

«En ocasiones sentía que no me estabas prestando realmente atención, y que solo pensabas en lo siguiente que tenías que hacer».

«Algunas veces, cuando estoy contigo, tengo la sensación de que en realidad no quieres escuchar lo que tengo que decir, porque tú ya has tomado una decisión».

«Cuando nos reuníamos, nunca parecías realmente preparado para nuestra reunión».

Estos comentarios fueron inestimables, pero no eran nada nuevo para mí. Ninguno de ellos me sobresaltó. Yo ya sabía algo de esto respecto a mí mismo. Solo esperaba que nadie más lo supiera también.

Una curiosidad sana debería impulsar tus esfuerzos a controlar tu conducta. Y no solo la curiosidad por gusto, sino la curiosidad por causa del crecimiento. Es necesario que cultives interés en cómo ven los demás tu forma de actuar y de liderar. Existe una retroalimentación que orbita en torno a tu mundo que podría cambiarte, hacerte crecer, enderezarte, hacerte mejor, ¡pero la responsabilidad de solicitar esta reacción es tuya! ¡Tú estás a cargo de ti mismo!

Tercer principio del autoliderazgo: haz un plan.

Para liderarte bien a ti mismo, necesitas un plan. No lo harás bien por accidente. Debe ser algo intencional. Yo lo denomino «Plan para autoliderarme». Todos necesitamos ser capaces de responder a esta pregunta: ¿qué estás haciendo para autoliderarte bien? ¿Cuál es tu «Plan para autoliderarte»? Para liderarte bien, es necesario que te centres en tres aspectos simples:

1. Saber dónde estás en la actualidad.
2. Tener una visión de dónde quieres ir.
3. Desarrollar la disciplina y tu rendición de cuentas para hacer lo que haga falta para mantener el rumbo.

SABER DÓNDE ESTÁS

Cuando desarrollas un «Plan para autoliderarme», la mayor equivocación que puedes cometer es inflar tu propia capacidad de liderazgo. Tienes dones, talentos, experiencia y educación que te han traído hasta donde estás. No intentes engañarte a ti mismo. ¡No has llegado! Lo que te condujo hasta allí no te llevará donde quieres estar.

Jim Collins observó que este error lo cometen algunos líderes de éxito y compañías en *How the Mighty Fall: And Why Some Companies Never Give In* [Cómo caen los poderosos: y por qué algunas empresas nunca se rinden]. Él lo denominó «la arrogancia de los éxitos». El primer paso en falso que el éxito provoca es acreditar el éxito a tus propios actos, pero esto solo dispone a los líderes para el fracaso futuro: «Los [líderes] verdaderamente grandes, independientemente de lo exitosos que puedan llegar a ser, mantienen una curva de aprendizaje tan empinada como cuando iniciaron su carrera».[4] Para que mantengas una curva de aprendizaje ascendente en esta etapa de tu vida, tendrás que ser sincero respecto a dónde estás y cómo llegaste hasta aquí. Esta clase de evaluación primaria de donde te encuentras solo se producirá si la pides. Las personas que te rodean te aman. Te quieren de verdad. Quieren que mejores. Quieren que crezcas. Pero rara vez te amará alguien lo suficiente como para decirte la verdad completa. Veo a las personas caminar con zapatos sin atar, susceptibles de tropezar, y nadie a su alrededor es lo bastante valiente como para señalárselo. Si quieres saber dónde estás y cómo los estás haciendo, tienes que preguntar.

Una de nuestras funciones clave de liderazgo se reveló recientemente, y empezamos a hablar respecto a quién íbamos a contratar para esa posición. Durante la conversación, alguien sacó a relucir dos nombres de personas dentro de nuestra organización a quienes les interesaba el puesto. El problema es que tenían algunas lagunas bastante grandes en sus aptitudes de liderazgo que impedían que pudieran ser considerados para el trabajo. Le pregunté a su superior si los empleados eran conscientes de esas lagunas que no permitían que fueran considerados. La respuesta que recibí no fue concluyente, y esto me frustró por ellos. No mejoraremos a menos que alguien sea sincero con nosotros.

La mayoría de las grandes decisiones laborales en tu profesión se producirán cuando no estés presente. Esto da que pensar, pero sé que ha sido así en mi vida profesional. He conseguido algunos empleos y he perdido otros, en base a lo que otras personas han dicho sobre mí en salas de las que yo estaba ausente. En ocasiones, unos hablaron positivamente sobre mí, y otras veces algunos lo hicieron de forma negativa. De una u otra forma, lo que importa es su opinión respecto a mí. Y lo mismo sucede en tu profesión. Las personas para las que trabajas tienen opiniones sobre ti. Incluso pueden tener pensamientos respecto a tu futuro. No te ayuda que algo se interponga entre tú y una oportunidad; pero tú eres el único que no lo sabe.

Antes de elaborar un plan para tu propio crecimiento, deberías formularle una pregunta a tu jefe: «Si surgiera una oportunidad para un ascenso, ¿qué te impediría recomendarme plenamente?». La respuesta a esa pregunta debería ser el origen de tu plan de crecimiento personal. Un consejo sobre esto: yo no le tendería una emboscada a tu jefe con esa pregunta. Envíale un correo electrónico para prepararte el terreno, y menciona que te gustaría hacerle unas cuantas preguntas que te ayuden en la realización de tu trabajo. A continuación, haz un seguimiento personal. Y sé consciente de que la mayoría de las personas se resistirán a responder a esa pregunta, porque es difícil de contestar. Aún así, la reacción que recibas es un buen lugar por donde empezar. Dale curso, añadiendo también las aportaciones de otros.

DÓNDE QUIERES IR

Una vez sabes dónde estás, el siguiente paso consiste en desarrollar una clara visión de dónde quieres ir. Esto se suele pasar a menudo por alto cuando las personas trabajan en un «Plan para autoliderarme». Uno de mis puntos débiles como líder es la visión, tanto en lo personal como en lo profesional. Me siento mucho más cómodo respondiendo a las oportunidades en lugar de mirar hacia delante durante unos años e imaginar mi futuro.

Hace unos cuantos años, mi jefe se acercó a mí con un ascenso potencial. Llamé a mi buen amigo Bryson para contarle la noticia. Su respuesta me dejó perplejo. En realidad, su respuesta no fue tal.

Tuve que repetirme, porque pensé que tal vez no me había oído. Después de reiterarme, no hubo respuesta. Por tanto, tuve que preguntarle: «¿Qué piensas sobre esto?»; realmente esperaba que contestara: «¡Vaya! ¡Es fantástico! ¡Enhorabuena, chico». Me parecía adecuado.

En su lugar, me espetó: «Oye, tengo que ser sincero. No sé si felicitarte o decirte que lo siento. Sencillamente no sé qué es lo que quieres, así que tampoco sé qué decirte. Es como si estuvieran tirando de ti sin darte derecho a opinar. Es como si necesitaras descifrar lo que quieres hacer con tu vida antes de que yo sepa cómo contestarte».

Todos necesitamos amigos como este. Necesitamos amigos que nos recuerden que no solo estamos respondiendo a las oportunidades y a las circunstancias. Cada uno de nosotros necesita tener una visión personal para nuestra propia vida, un plan para nuestro futuro. Sin lo primero, ¿cómo sabes qué hacer con las oportunidades que se presentan? Sobre todo con las buenas, como un ascenso.

El autoliderazgo significa dedicar el tiempo y el esfuerzo necesarios para determinar tu propia visión para tu futuro. Veo a muchos líderes jóvenes que no tienen un claro sentido de la orientación, y esto puede resultar paralizante. Y aunque es probable que las personas te digan que tu plan para tu vida rara vez funciona como tú crees que lo hará, no apuntar a nada no te llevará a lugar alguno. Es peligroso aferrarse demasiado a los planes que hemos determinado para nosotros mismos, pero es más peligroso no tener visón ni dirección para administrar los dones, los talentos y las oportunidades que Dios nos ha dado.

Existen unas cuantas preguntas que me han ayudado a dirigir todos nuestros esfuerzos a cómo responder a lo que Dios ha puesto delante de mí.

- Si el dinero no fuera el problema, ¿qué escogería yo hacer con mi tiempo?
- ¿Qué es lo que me fastidia en realidad?
- ¿Qué me hace aporrear la mesa llevado por la frustración o el entusiasmo?
- ¿Qué me da vida o hace que me sienta vivo?

Dedica tiempo a responder a estas preguntas con otras personas que te conozcan bien. Es uno de los ingredientes más cruciales para autoliderarte bien.

DISCIPLINA Y RENDICIÓN DE CUENTAS

Si Dios te dijo que podías pedirle cualquier cosa que quisieras y que la respuesta sería que sí, ¿qué pedirías? Es un pensamiento bastante emocionante. Porque tenemos hijos pequeños, solemos jugar a hacer esta pregunta con bastante frecuencia en nuestra casa. La capacidad de volar es la respuesta más popular que mis hijos proporcionan. Sin embargo, la capacidad de fabricar helado en cualquier lugar y en cualquier momento es, claramente, la respuesta correcta.

Con toda seriedad, yo pediría más autodisciplina para efectuar las tareas que quiero realizar, y ser la persona que quiero ser. Digo esto, porque sin la autodisciplina necesaria para llevar a cabo el «Plan para autoliderarme», es un plan vacío. La buena noticia es que creo que todo el mundo tiene un factor motivador que ayudará a espolear la autodisciplina necesaria para ver llevar el «Plan de autoliderazgo» hasta el final.

¿Qué te motiva? ¿Qué crea la responsabilidad para ayudarte a aprender, crecer y mejorar de maneras en que, de otro modo, no lo harías? Si te impulsa el triunfo, inscríbete en una clase en alguna escuela, o en algún tipo de programa de certificación. La mayoría de nosotros no acudimos por el certificado en sí, sino que es una forma de autodisciplina. Para mí, la rendición de cuentas implícita ante la escuela es una motivación estupenda. Desearía leer y escribir en mi propio tiempo, pero necesito cierta responsabilidad. De modo que pagar la matrícula me motiva a completar las tareas asignadas en el plan de estudios.

Si eres relacional, tal vez necesites crear un grupo para que tus compañeros aprendan y crezcan juntos. Esta es la idea subyacente a los grupos de lectura. Existe una responsabilidad incorporada en la lectura, en formar opiniones y en acudir al grupo. Acabarás haciendo el trabajo y pensando en lo que estás leyendo de unas maneras como no lo habrías hecho normalmente. Incluso mejor, ofrécete a liderar el grupo. Asumir la responsabilidad de liderar te obligará a pensar detenidamente en las cosas, algo que por lo general no harías. Necesitarás tomar la iniciativa y formular preguntas distintas.

Si estás hecho para el orden y la rutina, determina un plan y coméntaselo a alguien. O contrata a un *coach* que te ayudará a formular un plan. Esto funciona bien en la esfera de los programas de ejercicio físicos, y de la creciente corriente de grupos de CrosssFit, y los campamentos para ponerse en forma lo resaltan. Las personas pagan gran cantidad de dinero para que alguien escoja un plan de entrenamiento para ellos, que establezcan una hora a la que acudan, y proporcionen la comunidad de personas que los vayan empujando. Y esto no es algo que necesitemos tan solo físicamente, sino también en todos los ámbitos de nuestra vida.

Si careces de motivación, escoge un objetivo, establece un plazo y crea una consecuencia artificial que te motive. Estoy convencido de que esta es la razón por la que las personas corren maratones. Piensa en ello. Pagas para acudir el sábado por la mañana temprano para infligirle dolor a tu cuerpo. ¿Por qué? Es algo que le pregunto a las personas todo el tiempo. La respuesta nunca tiene sentido para mí. «¡Porque es divertido!» no es para mí. Suena a rayos.

Literalmente. Dicho todo esto, un plazo y una consecuencia artificial son bastante motivadores, y podrían ser justo lo que necesitas para poner en marcha tu autoliderazgo.

Sé que necesito crecer en cómo gestionar el conflicto. De manera más específica, necesito crecer en mi capacidad de tratar las conversaciones tensas en las que hay mucho en juego. Parte de mi «Plan de autoliderazgo» consiste en leer dos libros: *Conversaciones cruciales*[5] y *Conversaciones difíciles*,[6] y después impartir una charla de liderazgo sobre este tema a unos cuantos amigos en el trabajo. Sin este tipo de disciplina autoimpuesta y de rendición de cuentas, sencillamente no lo haría. La fecha de la charla está en el calendario. Sé que las personas acudirán. Y la responsabilidad incluso me pone nervioso en el momento de escribir esto. Pero esa es la idea. El «Plan de autoliderazgo» debe también integrar medios de presión y sistemas de rendición de culpa para ayudar a ejecutarlo.

Al principio de este año creé una sencilla tabla para mi «Plan de autoliderazgo» actual. No es complicada, y puedes usar esta o crear la tuya propia. La idea consiste en tener un plan. Si alguien tuviera que preguntar cuál es tu plan futuro, lo que estás haciendo

PLAN DE AUTOLIDERAZGO	¿DÓNDE ESTOY?	OBJETIVOS	EJECUCIÓN Y RENDICIÓN DE CUENTAS
Autocuidado	Quejas de estar distraído en las reuniones privadas	Estar más presente al hacer un seguimiento de las conversaciones en un diario	Encuesta completa de colaboradores y amigos al final del año
Salud social	Demasiadas reuniones al azar	100 comidas y cafés con: 1. Un aliento 2. Un aprendizaje	Lleva una lista en una hoja de cálculo y mantenla visible
Salud espiritual	Quiero ser más sistemático en la lectura de la Biblia	Hacer uso de un plan de lectura de la Biblia para ser coherentes	Repórtate con los chicos de los miércoles por la mañana

para autoliderarte debería estar al principio. Si no tienes respuesta cuando alguien te pregunta es que, en realidad, no tienes plan.

Recuerda, esto no ocurrirá por sí solo. *Tal vez no estés al mando, ¡pero estás a cargo de ti mismo!* Si no formulas un «Plan de autoliderazgo» nadie lo hará por ti. La responsabilidad es tuya. Pero si lo haces, la buena noticia es que estarás un paso más cerca de convertirte en un mejor líder.

Tal vez no estés al mando, ¡pero estás a cargo de ti mismo!

HORA DE MARCHARSE

Mencioné con anterioridad que podría haber veces en que necesites considerar dejar un empleo, por culpa de una relación nada saludable con tu jefe. Este es, lo reconozco, un reto complicado, y no seré capaz de cubrir cada situación. Sin embargo, la verdad es que si te encuentras en una posición que supone todo un reto para ti, porque trabajas para alguien que sientes que no puede liderarte, quizás sea necesario que te marches. Pero antes de que decidas irte, sugiero que resuelvas unas cuantas cosas, aunque sea para asegurarte de que te marchas por las razones correctas. Es similar a la lista que mi esposa y yo tenemos de «Esto es lo que necesitamos hacer antes de abandonar nuestra casa para irnos de vacaciones». «¿Apagamos el aire acondicionado, tiramos de las cisternas de los inodoros, sacamos la basura y cerramos las puertas con llave?». Esta lista pretende ayudarte a reflexionar en las cosas que precisas hacer antes de dejar una situación desastrosa.

Deja a un lado las expectativas.

Espero que puedas superar la tentación de poner todas las expectativas del liderazgo en tu jefe. Si te sientes frustrado, porque alguien no te ha liderado bien, dejar las expectativas a un lado puede cambiar a menudo realmente las cosas. Uno de los pasos más liberadores para ti y para tu jefe sería que lo relevaras de la obligación de liderarte bien.

He trabajado para jefes que me encantaron y también para otros a los que costaba mucho apreciar. Las expectativas siempre afectan a las relaciones. Sencillamente lo hacen. Es obvio que las expectativas no satisfechas tienen su forma de estropear las relaciones, porque se rompe la confianza. Si tienes un jefe que no está supliendo tus expectativas, creo que es justo que evalúes tus propias expectativas respecto a esa persona. ¿Has puesto demasiadas expectativas poco razonables en la relación? ¿Estás pidiendo algo que simplemente no va a ocurrir? ¿Esperas ser liderado por alguien incapaz de proveer esa clase de liderazgo?

Por supuesto, es justo tener expectativas con respecto a un jefe. Deberías esperar ser tratado con dignidad y respeto. Deberías esperar ser compensado justamente por tu trabajo. Sin embargo, escoger abandonar las expectativas que podrían ser poco razonables sería, quizás, lo que tu relación necesita. Elegir creer que tu jefe no te debe nada podría cambiarlo todo.

Sigue adelante e intenta repetir en voz alta: «Mi jefe no me debe nada». Puedo prometer que te sentirás bien, pero también creo que merece la pena intentarlo. Elegir creer que tu jefe no te debe nada, o al menos muy poco, es un paso poderoso hacia adelante para la relación.

Ve a por todas.

Si no estás del todo involucrado, ve a por todas. Comprométete con el empleo durante un periodo de tiempo relevante. A veces, cuando sientes que no te están dirigiendo bien, podría deberse a que tu jefe no siente que estés comprometido. Es sorprendente cómo nosotros, los seres humanos, tenemos la capacidad innata de percibir el compromiso de

LIDÉRATE A TI MISMO

alguien con nosotros. Para protegernos, nos resistimos a ir a por todas con alguien que no está del todo involucrado con nosotros. Si no estás comprometido con tu jefe, es probable que él no lo esté contigo.

¿Cómo sabes, pues, si estás involucrado del todo? Permíteme hacerte una pregunta difícil: si te fueras, ¿se sorprendería alguien? Si nadie se extrañara es que no te has comprometido bastante. Si decides marcharte, las personas que trabajan contigo deberían sentirse desconcertadas de que te fueras, porque estarías involucrado por completo.

El compromiso en las relaciones funciona en los dos sentidos. Sin duda, todos deseamos que nuestros jefes lideren y que muestren su compromiso con nosotros, pero no siempre funciona así. Tu jefe podría no ser la persona más sana. Es posible que las personas que ocuparon tu cargo con anterioridad quizás acabaran quemándolo. Si conocieras mejor la historia, podrías entender por qué tu jefe no parece comprometido contigo. Adelante, pon el anillo en el dedo. Mira a ver si cambia la relación. Yo creo que Beyoncé tiene razón: el anillo lleva la relación al siguiente nivel. No te apoyes en tu jefe. Sigue adelante, y pónselo.

Aprende lo que necesitas aprender.

Pensar que Dios no puede usar a malos líderes para hacer crecer una iglesia, una organización o incluso a ti es absurdo. Dios ha usado a malos líderes durante generaciones. ¿Dónde estaríamos si Daniel hubiera dicho: «No puedo aprender bajo Nabucodonosor. Tengo que irme»? ¡La *iglesia* en general no sería lo que es hoy si siempre tuvieran que ser grandes líderes quienes hicieran las cosas! Y digo esto porque demasiados líderes jóvenes parecen desconcertados por haber tenido malos jefes. En ocasiones, si nuestro jefe no es el más extraordinario de todos, actuamos como si Dios no estuviera en la situación. Imagino a Dios sacudiendo la cabeza y pensando, *Si supieras cuántos malos jefes he usado a lo largo de los años.*

¿Y si Dios quisiera lograr algo en ti en lugar de efectuar algo por medio de ti? ¿Y si la única forma de hacer que crezca en ti es ponerte a las órdenes de un mal líder? ¿No aprendemos todos más de los tiempos de lucha que de los tiempos fáciles? Por supuesto que sí. Cuando mi deseo por lo que Dios me quiere enseñar es superior a mi anhelo de realizar aquello que quiero hacer, me encuentro en el mejor lugar. ¡Sería trágico para ti marcharte antes de haber aprendido lo que Dios quiere que aprendas!

Marcar las casillas antes de decidir marcharte es irte bien. Se trata de aprender lo que necesitas aprender antes de dejar el lugar. Pero, por supuesto, después de que todas las casillas hayan sido marcadas, todavía podría ser hora de irte. Tal vez hayas hecho todo lo que podías para sacar el mejor partido de la situación en la que te encuentras, y la única solución es marcharte. En algún punto, muchos de nosotros vamos a estar en situaciones en las que marcharse es el paso más valiente posible. Si ese es el lugar donde estás, ahora estoy orando por ti. Trabajar para un mal jefe es bastante duro. Y dejar un trabajo no es fácil. Saber cuándo irte y si tienes que hacerlo es, en ocasiones, algo delicado. Rara vez es claro como el agua, pero si más de unas cuantas señales de estas están presentes, nunca lo tendrás más claro.

- Si temes trabajar y te sientes abatido cada día...
- Si tu falta de entusiasmo te ha hecho ser ineficiente...
- Si los requisitos del cargo te están perjudicando a ti o a tu familia...
- Si estás experimentando estrés emocional por culpa de tu jefe...
- Si no estás recibiendo una compensación adecuada...
- Si nuestras responsabilidades siguen aumentando, pero el sueldo no...

- Si eres incapaz de confiar en tu jefe, por culpa de una conducta poco ética...
- Si los que te rodean concuerdan en que una nueva oportunidad es demasiado buena como para pasarla por alto...
- Si Dios te hubiera llamado claramente a marcharte...

Fuiste creado con derechos inalienables como ser humano y como hijo de Dios, pero también fuiste creado con responsabilidades irrenunciables como líder. No te pierdas lo que Dios tiene para ti, por no autoliderarte bien. Quizás Dios te haya colocado en el puesto en el que estás para ayudarte a aprender lo que necesitas saber para autoliderarte bien. Si haces esto bien, te asegurarás de ser siempre bien dirigido, ¡tengas un gran jefe o no!

CAPÍTULO 5

ESCOGE
LA POSITIVIDAD

Aprender a liderar cuando no estás al mando no es un proceso lineal. Tu identidad está evolucionando siempre. Convertirse en un líder no sigue un catálogo de cursos universitarios. No hay flujo de cursos 101, 201 o 301 que te lleve a desarrollar la profundidad de carácter, de confianza y de compostura que se requiere para un buen liderazgo. Es más que un proceso constante que discurre de forma paralela a tu desarrollo profesional. Por supuesto, no te gradúas jamás de la responsabilidad de autoliderarte. Es una disciplina que dura toda una vida. Y la buena noticia es que nunca eres demasiado joven para empezar ni demasiado viejo para retomarlo. Porque pasemos ahora al siguiente capítulo no vayas a pasar la página figurada respecto a permitir que Dios desarrolle un sentido de identidad profundamente arraigada y basada en lo que él afirma sobre ti. Ah, y por favor no vuelvas la página del reto de autoliderarte. Estas dos actividades fundamentales proporcionan los raíles para la locomotora del liderazgo.

Cuando experimenté ese momento de claridad en la oficina de Andy, hace unos cuantos años, decidí convertirme en el líder que quería ser, ese que yo sabía que podía ser, y el líder que Dios me llama a ser. Para ello, existen algunas conductas prácticas que necesitaron mi atención y mi intención. Los siguientes capítulos desarrollan estas conductas, y te ayudarán a progresar y convertirte en la clase de líder que puede dirigir a los demás con eficiencia, aunque no estés al mando.

LA PERSPECTIVA LO ES TODO

Tengo una cierta forma de ver el mundo. Tú también la tienes. Cada ser humano en el planeta Tierra la tiene. Es lo que nos hace únicos. Cuando yo estaba en cuarto grado, recuerdo que tenía una pegatina que decía: «Soy alguien». Es cierto. Y tú también. Y lo que hace que yo sea «alguien» es mi forma de ver el mundo. Por ahora, voy a dejar esto aquí.

Una de las mayores diferencias en el modo en que cada uno de nosotros ve el mundo es cómo definimos el término «*vacaciones*». Mi esposa, Jenny, y yo no podríamos ser más distintos en esto.

- Yo quiero ver nuevos lugares. A ella le gusta tumbarse en una playa y leer un nuevo libro.
- Yo quiero ir al aeropuerto justo antes de que cierren la puerta de embarque. A ella le gusta llegar dos horas antes. Ella quiere suficiente tiempo para que ellos cambien, en realidad, nuestra puerta de embarque por otra. Si por mí fuera, la puerta de la pasarela casi me atraparía mientras se cierra. «¡Oh, hola! ¡Justo a tiempo!».
- Yo quiero ponerme los auriculares y escuchar música en el avión. Ella quiere una conversación profunda, íntima, en un tono que apenas se puede oír por encima del sonido del avión. En nuestra luna de miel, justo después de colocarme los auriculares, ella me los arrancó con una mirada confusa. «Pensé que íbamos a conversar». ¡Oh, claro! ¡Por supuesto! Conversemos.
- Quiero comer hasta enfermar durante toda la semana. Me gustaría que el último bocado de tarta de queso cayera en mi boca justo antes de quedarme dormido. Ella quiere hacer ejercicio cada día.
- Yo no puedo dormir después de las siete de la mañana, ni siquiera estando de vacaciones. Jenny no quiere ni pensar en salir de la cama antes de las nueve.

Puedes hacer un círculo en las formas en que tú ves las vacaciones, solo para demostrar cuánta razón tengo. Después, envíame un pantallazo para que yo pueda compartirlo con mi esposa y le demuestre lo acertado que estoy. A pesar de lo que ella afirme, mi manera de pensar en las vacaciones es obviamente el modo correcto de verlo, porque es como yo las veo suceder. Solo estoy bromeando a medias sobre esto.

En *Los 7 hábitos de la gente altamente efectiva*, Steven Covey declara: «No vemos el mundo *como es*, sino *como somos*, o como hemos sido condicionados para verlo».[1] La forma en que vemos el mundo tiene menos que ver con cómo es el *mundo* y más con cómo *somos nosotros*. Esa situación en el trabajo que te está frustrando podría tener más que ver contigo que la situación misma. Para entender cómo trabajar de forma eficaz, y cómo dirigir bajo el liderazgo de otro, tienes que comprender este asunto de la perspectiva.

Creo que también merece la pena prestar atención al siguiente comentario de Covey. «Debemos *considerar* las lentes con las que vemos el mundo, así como el mundo que contemplamos, y que esa lente en sí dé forma a nuestra manera de interpretar el mundo».[2] Cuando estamos intentando comprender nuestra función y cómo hallar satisfacción en nuestro trabajo, aun cuando carezcamos del poder de la autoridad para efectuar el cambio, debemos reparar primero en las lentes a través de las cuales vemos el mundo.

Creo en lo más profundo de mí que esto es cierto. ¿Cómo lo sé?

Porque en algún lugar de este gran mundo hay alguien que tiene el mismo conjunto de aptitudes, los mismos antecedentes educacionales y la misma cantidad de experiencia que tú; tiene un empleo similar al tuyo en una iglesia o en una organización similares, unos retos similares y, en realidad, le gusta la situación por la forma en que él o ella la ve.

Hay alguien en algún sitio que se enfrenta a una situación similar y que ve la vida con una lente que le permite tener más influencia, entusiasmo y contentamiento. Tú puedes permitir que esto te frustre o aprender de ello. Personalmente, yo elijo aprender de esto.

La forma en que ves que tu mundo moldea tu mundo. Y tú tienes algo que decir en cuanto a cómo lo ves.

LA OPCIÓN PANORÁMICA

En 2013, Apple sacó al mercado el iPhone 4 y nosotros, como adictos, nos colocamos en una fila de muchas cuadras para poner nuestras garras sobre la pieza más nueva de tecnología de Jobs y Wozniak. Con el iPhone 4 se presentaba una opción panorámica de la cámara que estaba teniendo mucha repercusión. La nueva característica permitía hacer fotografías horizontales, alargadas con un campo de visión de ciento ochenta grados. En el pasado, esta perspectiva única solo era posible si se tomaban múltiples fotos y se les hacía «photoshop» a todas juntas, o solicitando una segunda hipoteca para comprar una lente de ojo de pez, con ángulo extra amplio para capturar las imágenes.

La genialidad de la opción panorámica fue que les proporcionó a los propietarios del iPhone la posibilidad de capturar bellezas de ciento ochenta grados directamente del teléfono que llevaban en el bolsillo. El proceso de hacer algo bello se hizo de forma eficaz. Si una imagen vale más que mil palabras, una fotografía panorámica es novelesco. Hay algo poderoso en ser capaz de ver, en una foto bidimensional, algo parecido a lo que nuestros ojos contemplan en realidad. La imagen panorámica capta un punto de vista realista y permite estudiarla para apreciar dimensiones de belleza que tal vez no hayas notado antes.

Tengo una experiencia similar cuando viajo y veo diferentes partes del mundo. Mis ojos están abiertos al mundo que me rodea a diario, por supuesto, pero cuando me marcho a un nuevo entorno, veo las cosas desde un punto de ventaja distinto. Quizás esté contemplando algo familiar, pero debido a dónde me encuentro, lo estoy mirando de una forma diferente. Cuanto más veo el mundo, *mejor* veo mi propio mundo. Y cuanto mejor ves tu mundo, más informado y preparado estarás para tomar sabias decisiones. Entender puede ayudarte a desarrollar la paciencia, la gentileza y un mayor discernimiento para toda la vida. Un ángulo más amplio proporciona una perspectiva más sabia.

Yo lo defino como la capacidad de ver el mundo con una lente panóptica. Es la aptitud de ver cómo encajan las cosas entre sí. Se trata de ver cómo encajas tú en la imagen panorámica de Dios. Es ver la fotografía general de tu organización y cómo puedes contribuir. Necesitas luchar para ver cosas desde esta perspectiva, y tú debes esforzarte constantemente para ampliar tu visión. A medida que buscas esta perspectiva de lente amplia, puedes ser capaz de ver y sentir mejor cómo tu función está conectada con aquello que la organización está intentando hacer en última instancia.

Tu iglesia u organización tiene una misión. Y, probablemente, tienen una visión única. Aunque tu jefe (o jefes) no lo haya dejado claro, están ahí. No tienes que esperar hasta que alguien los deje claros para que te queden cristalinos. Aunque pueda ser responsabilidad de tu director comunicar la misión y la visión, tenerlas claras te corresponde a ti. Y, una vez que has hallado la pieza de «por qué existimos», justo al principio de tus responsabilidades de trabajo debería hallarse el conectar tu función específica con esa misión y visión globales. No es algo que ocurra una sola vez. Forma parte de tus deberes cotidianos, cuando sirves a la organización y sigues a quien quiera que Dios haya colocado en el liderazgo por encima de ti.

SATISFACCIÓN, VALOR Y SIGNIFICADO

Los investigadores han identificado esta visión panóptica como uno de los impulsos prácticos para la satisfacción del empleado. Han descubierto que la satisfacción que los empleados tienen en su trabajo está directamente correlacionada con su capacidad de ver cómo encajan en la imagen panorámica. Una vez que aceptas la visión panóptica, las cosas empezaran a tener más sentido para ti, los detalles más pequeños y los mayores retos.

Sentirse valorado y hallar sentido como empleado va más allá de la compensación y la apreciación. Dale Carnegie Training desarrolló un papel en blanco hace unos años, titulado «Qué impulsa el compromiso del empleado y por qué importa». Su investigación describe la evolución que se requiere para que los empleados pasen de sentirse «estimados» a «implicados», a «entusiasmados» y, finalmente, a convertirse en un «empleado fundador».[3] Esta es la persona dispuesta a recorrer el medio kilómetro más en la atención al cliente, que le contagia el entusiasmo a su equipo y que se toma el éxito de la iglesia o de la organización como algo personal. ¿Qué se necesita, pues, para que los empleados pasen de estar comprometidos a medias a estar profundamente comprometidos? Esos líderes que tienen un fuerte sentido de propiedad, y han establecido una conexión crucial entre lo que es su trabajo y cómo guiar los resultados para la organización están más profundamente comprometidos.[4]

Observa los puntos clave de esa conclusión. Los líderes que tienen un fuerte sentido de la propiedad son los que relacionan su empleo con los resultados de la organización. Esa es la esencia de

> La satisfacción que los empleados tienen en su trabajo está directamente correlacionada con su capacidad de ver cómo encajan en la imagen panorámica.

ver tu trabajo a través de las lentes panópticas. Y puedes elegir hoy empezar a ver la imagen panorámica.

Lo que estás haciendo importa más a la luz de lo que tu organización está intentando lograr. Por supuesto, tu jefe tiene la responsabilidad de ayudarte a establecer dicha conexión, pero también te compete a ti. Tú debes buscar formas de relacionar lo que realizas a diario con esas metas y objetivos. Es probable que hayas oído la frase: «Se puede llevar al caballo al abrevadero, pero no obligarlo a beber». Tu director puede explicarte con claridad cómo establecer la conexión, o hacerlo de una forma confusa, pero mantener ese objetivo delante de ti es tu deber.

He tenido jefes quienes, de forma natural, lo hacían muy bien y otros que no. En ambos casos, he tenido que mantener la vista fija en la imagen panorámica, y eso me ha ayudado a desarrollar un sentido del compromiso, aun cuando he desempeñado lo que me parecía una función minúscula. Es, asimismo, importante recordar que siempre sucede algo más de lo que puedo ver. Dios está siempre obrando en algo dentro de mí, y rara vez puedo percibirlo mientras ocurre. En la economía de Dios no hay tiempo perdido. Cuando mantienes tu enfoque en esto, te ayuda a mantener la perspectiva que necesitas para ser capaz de escarbar en profundidad allí donde Dios te ha puesto.

LA PIRÁMIDE PANÓPTICA

Distinguir con una visión panóptica es una postura para el liderazgo. Está construida en una profunda verdad en Dios y una esperanza persistente en el futuro. Cuando te esfuerces por ver la imagen panorámica, también te ayudará a apoyar a tu líder, aunque no sean los mejores. Llevarás la camiseta del equipo, aunque puedas disentir. Empezarás a sentirte parte interesada, incluso para las decisiones que no tomaste. Para ayudarme a relacionar la forma en que veo las cosas con los resultados que experimento en mi vida y en mi trabajo, he desarrollado esta pirámide que parece una locura:

Así es como puedes intentar esta postura para ti mismo. Ya tienes una lente a través de la cual estás viendo tu situación presente. Tal vez sea la forma en que ves tu relación con tu jefe. Quizás sea la manera en que percibes tu trabajo, y sientes que no marca una diferencia. Todos los líderes tienen algo o a alguien que los informa de cómo ver su situación. Considera al apóstol Pablo. Me resulta fascinante leer su carta a los filipenses, mientras pienso dónde se encontraba cuando la escribió. En el primer capítulo, Pablo se refiere en cuatro ocasiones a las cadenas que lleva cuando escribe.

Ahora bien, yo no he pasado una sola noche en la cárcel, pero si fui castigado unas cuantas veces a quedarme después de clase en el instituto. Recuerdo mi estado de ánimo. No estaba para escribir nada positivo sobre el mundo. Mi opinión al respecto era temerosa, enojada y bastante negativa. Pablo no. Él estaba *encadenado* cuando escribió los versículos siguientes: «Hermanos, quiero que sepan que, en realidad, lo que me ha pasado ha contribuido al *avance del evangelio*. Es más, se ha hecho evidente a toda la guardia del palacio y a todos los demás que estoy encadenado por causa de Cristo» (Filipenses 1.12, 13, énfasis añadido).

¿Cómo es eso? De algún modo, de alguna manera, Pablo fue capaz de levantar la cabeza en medio de su oscura situación, y ver la imagen panorámica de las oportunidades que tenía ante él. Estaba convencido de que Dios tenía algo entre manos, a pesar de su situación. Sus cadenas le recordaban que era inútil, y que se enfrentaba a un callejón sin salida. Sin embargo, él no permitió que sus grilletes determinaran su visión. En su lugar, los contempló a través de la visión panóptica. En vez de limitar su ministerio, las cadenas parecían ahora útiles, e indicaban que era bendecido y que estaba haciendo progresar los propósitos de Dios.

Tu forma de ver es más importante que la tragedia.

Tu forma de ver es más fuerte que cualquier calamidad.

Tu forma de ver es mayor que los detalles de la catástrofe.

En estos momentos, sé que tu trabajo no es una tragedia ni una calamidad, ni una catástrofe, pero cuando se acerca la ola de las rimas, he aprendido a subirme a la tabla y surfearla. Lo que quiero decir es que, si te sientes frustrado con tu trabajo, porque no tienes la jerarquía que, en tu opinión, necesitarías; no tienes la autoridad que te prometieron, o no tienes el control sobre la toma de decisiones para poder efectuar el cambio que quieres realizar, ¡no te rindas! ¡No te acomodes! No permitas que la frustración que te inunda por lo que no tienes te impida hacer lo que puedes. Cambiar tu perspectiva respecto a tu situación puede cambiarlo todo. Ver lo que *sí tienes* te permitirá vencer aquello que no tienes.

Pablo lo entendió. De algún modo no se extravió en la maleza ni perdió lo que tenía delante. Su visión panóptica le indicaba: «No estoy encadenado a este carcelero, ¡sino que él está encadenado a mí!». Permaneció fiel a su llamamiento, aun cuando las probabilidades estaban todas en su contra. Mantuvo los ojos alzados incluso cuando sus pies estaban encadenados. Yo quiero lo que él tenía. Si Pablo tuvo esta visión en prisión, espero que sea posible que tú y yo también la poseamos allí donde Dios nos ha puesto.

¿QUÉ DOCUMENTA TU PUNTO DE VISTA?

Lo que tú crees sobre Dios y tu forma de ver el futuro son las voces fundamentales para tu manera de liderar ahora mismo. Una pequeña visión de Dios conduce a un panorama de desesperación. Y una perspectiva de desesperanza para el futuro te llevará a consumirte con tus circunstancias presentes. Volvemos de nuevo a la carta de Pablo a los Filipenses, y vemos que esto era cierto para él. Los dos pilares que soportaban la visión panóptica paulina eran su confianza en Dios y su esperanza para el futuro. Estos dos fundamentos le permitieron ver aquello que una persona normal no logra ver. Independientemente de lo que estaba sucediendo o de lo que fuera a ocurrir, la perspectiva de Pablo le permitía doblar la rodilla ante su jefe (su carcelero), a la vez que mantenía un fuerte instinto y entusiasmo por lo que Dios iba a hacer en el futuro. Esto le permitía mantenerse firme cuando la base de sus circunstancias se tambaleaba. Escucha cómo ve Pablo que Dios está obrando en sus circunstancias: «Por eso me alegro; es más, seguiré alegrándome porque sé que, gracias a las oraciones de ustedes y a la ayuda que me da el Espíritu de Jesucristo, *todo esto resultará en mi liberación*». (Filipenses 1:18, 19, énfasis añadido).

Pablo está encadenado, encarcelado sin razón justificada alguna. Sin embargo, mantiene la profunda creencia de que Dios va a liberarlo de una forma u otra. Su extraordinaria confianza en la provisión divina documentaba su punto de vista. Y esto significa que, cuando las circunstancias de tu trabajo parezcan inestables, confiar en Dios te ayudará también a estabilizarte. Existe una confianza que procede de creer que Dios te tiene allí donde quiere que estés. A lo largo de la historia, Dios ha situado a personas específicas en posiciones particulares por razones definitivas. Y él te ha puesto a ti donde quiere que estés.

Pero observa que no solo fue su profunda confianza en Dios la que afectó a la perspectiva de Pablo. Su convicción de que Dios estaba haciendo algo mayor que las circunstancias que tenía ante él le proporcionó un espíritu de expectativa y esperanza que le permitió mantener una sensación de positividad. Afirmó: «Mi ardiente *anhelo* y *esperanza* es que en nada seré avergonzado, sino que con toda libertad, ya sea que yo viva o muera, ahora como siempre, *Cristo será exaltado* en mi cuerpo» (Filipenses 1.20, énfasis añadido).

La esperanza es la confiada expectativa de que viene algo bueno. La base de nuestra fe cristiana es que Dios es un Dios siempre capaz, siempre en movimiento, y siempre trabajando a nuestro favor. Aunque parezca estar en silencio, nunca está distante. Aun cuando se siente que todo ha acabado, la esperanza nos permite confiar por lo que creemos sobre nuestro Dios. La resurrección de Jesús es la imagen más conmovedora, poderosa y perfecta de la esperanza que pueda imaginar. Si el perdón y la muerte son los dos grandes enemigos a los que nos enfrentamos, la resurrección provee la victoria sobre ambos. Como seguidores de Jesús deberíamos ser las personas más llenas de esperanza sobre el planeta.

Pablo siempre estaba lleno de esperanza. La resurrección le proporcionó la base para su llamado y su propósito en la tierra. Cualquier sufrimiento al que se enfrentaba merecía la pena en su mente, por la esperanza que tenía en que Dios podría usarlo. La esperanza llevó a Pablo a escoger una perspectiva positiva respecto al sufrimiento y al éxito, en la pobreza y en la riqueza, en la salud y en la enfermedad.

La confianza en Dios y la esperanza para el futuro son las piernas sobre las que nos afirmamos tú y yo. Si tenemos a un Dios que puede proveer en la vida o en la muerte, y que es capaz de restaurar, sanar y usar las circunstancias en esta vida y en la siguiente, ¿qué podría afrontar que deshiciera lo que él ha hecho? Estas dos verdades tienen el peso necesario para servir de contrapeso para elevar nuestra perspectiva sobre cualquier cosa.

¿QUÉ PRODUCE TU OPINIÓN?

Cuando estas verdades poderosas se convierten en el fundamento para tu forma de ver, puedes hacer lo inconcebible. Puedes elegir la positividad. No solo es un pensamiento positivo, un autoengaño que ignora la realidad. Se basa en una perspectiva diferente de tu realidad, la opinión panóptica de tus circunstancias. Los pensamientos del futuro alimentados en la confianza, llenos de esperanza, pueden abrirse paso frente a cualquier cosa que se interponga en el camino, porque tiene los ojos más fijos en su forma de estar directamente delante de ellos.

¡Y es una elección... una que puedes hacer hoy! Esta positividad no solo es un rasgo de personalidad. La positividad es un rasgo de *carácter*. La personalidad se refiere a una inclinación inherente, que está predestinada en su mayor parte. Sin embargo, el carácter se desarrolla con el tiempo. Y, la mayoría de las veces, el carácter se desarrolla cuando las cosas son difíciles. El comedor no desarrolla los músculos; la sala de pesas sí lo hace. Y descubrirás que el momento más difícil de escoger la positividad es cuando te ponen delante una decisión que no has tomado y que podría no gustarte.

Tienes que enseñar un bosquejo que tú no creaste.

Tienes que gestionar un proceso de voluntariado que no se te ha ocurrido a ti.

Tienes que hacer el anuncio de un acontecimiento al que nunca has asistido.

En el libro de Patrick Lencioni, *Y tú... ¿trabajas en una empresa sana o tóxica,*[5] el autor argumenta que es más probable que las personas crean en algo cuando han tenido la oportunidad de intervenir en ello. Pero esto no siempre ocurre, ¿no es así? Cuando el equipo es lo bastante pequeño para que tú puedas participar en todas las decisiones, es fácil aceptar la decisión tomada. Sin embargo, resulta desafiante elegir la positividad cuando se te pide que accedas a una oportunidad en la que no has opinado al respecto. Nadie te pidió tu opinión; solo tomaron la decisión. Peor aún, ¡ni siquiera te invitaron a la reunión! Yo solía pensar que cuanto más ascendiera en la organización, menos se herirían mis sentimientos cuando no me invitaran a una reunión. ¡Falso! Cuanto más subía, más herido me siento cuando no me invitan a una reunión. Y es incluso peor cuando toman una decisión en la reunión, y después me piden que yo la ejecute. ¿En serio? ¡Y, además de esto, empiezo a reflexionar en que la decisión que han tomado es terrible!

Cuando no formo parte del proceso de tomar decisiones, mi respuesta por defecto es salir y abdicar de mi oportunidad de liderar. Cuando se me pone ante una decisión que me parece tonta, equivocada o no es la mejor, tengo el defecto de reclinarme en el sillón, y me doy por vencido. Y pienso, *Dado que esto es claramente no ir a trabajar, solo me echo hacia atrás en mi sillón y dejo que vean lo mala que es la idea en realidad. Si quieren que esto funcione, deberían de haberme invitado a la reunión, y yo les habría proporcionado una idea que habría sido estupenda. En su lugar, me reclino en el sillón y observo cómo se produce este desastre.* Este tipo de actitud pésima no gana en el liderazgo. Tampoco te convertirá en un líder mejor. Es la salida fácil. En vez de esto puedes escoger la positividad, aun cuando no tengas ni voz ni voto en la decisión. Más importante que tomar la decisión correcta es aceptar lo que se te entrega y hacer que sea buena. La positividad te ayudará con esto.

¿Por qué las personas positivas son buenos líderes? Porque la positividad es atractiva y produce otras cualidades en los líderes que les resultan naturalmente atractivas a los demás. Los dirigentes que exudan positividad empezarán a ver crecer su influencia. Más abajo encontrarás algunos de los subproductos de una perspectiva más amplia.

Energía en tu actitud

No estoy seguro de que haya algo directamente bajo mi control que puede tener un impacto más poderoso sobre los demás que la actitud que elija. El mayor beneficio que aporto a mi equipo no son mis talentos, mis dones, mi experiencia ni mi educación. Es mi energía.

Los líderes que tienen a diario una actitud alimentada por la confianza, llena de esperanza y con visión del futuro pueden cambiar la dinámica de cualquier equipo. Y no tienes que ser el pastor titular ni el presidente de la compañía. Pueden empaquetar esta actitud en tu fiambrera mañana, y tienen el potencial de cambiar el ambiente de tu lugar de trabajo. Podrías ser un becario invisible, sin autoridad, o un mando intermedio que se siente atascado, pero si escoges aportar la actitud de una bombilla de cien vatios, empezarás a ver cómo las cosas se iluminan. No obstante, no puedes intentarlo de buenas a primeras. Y es aquí donde se convierte en una disciplina que tú cultivas. Esta tiene que ser la actitud que elijas a diario, como el cartero. Llueve, granice, caiga aguanieve, nieve o haga sol, tú determinas que tendrás una actitud de positividad, independientemente de las circunstancias.

Humildad hacia aquellos que ostentan la autoridad

No estás preparado para el trabajo de tu jefe. ¿Por qué digo esto? Porque no ocupas el empleo de tu jefe. Si desarrollas lo que Pablo afirma en Romanos 13.1, por la inspiración del Espíritu Santo, él lo dejará más que claro: «Todos deben someterse a las autoridades públicas, pues no hay autoridad que Dios no haya dispuesto, así que *las que existen fueron establecidas por él*» (énfasis añadido). Esto es algo de bastante peso en lo que pensar. Es Dios, y no el hombre, quien establece la autoridad en última instancia. Si alguien está al mando, Dios tiene una razón. Ahora bien, antes de ofrecerme treinta objeciones a esto, admitiré que ninguno de nosotros puede comprender del todo cómo funciona esto. ¿Tenemos libre albedrío? Sí. La Biblia declara con claridad que hacemos nuestras propias elecciones y somos responsables de ellas. Pero también se nos indica que si alguien está en una posición de autoridad, Dios tiene algo que ver en esto. Como mínimo, este pasaje significa que Dios ha establecido el sistema de cómo funcionan los seres humanos a través de autoridad, e ir en contra de este sistema significa actuar contra Dios.

Aun así, permíteme ser más claro, porque este pasaje parecería insinuar, y hasta alentar, a una aceptación pasiva del *statu quo*. No creo que fuera esto lo que Pablo tenía en mente. Lo sabemos por el contexto en el que está escribiendo. Era un tiempo tenso para Pablo. Trabajaba sin descanso por el progreso. Sabiendo que Dios es la máxima autoridad no es algo que Pablo le comenta a la iglesia con el fin de alentar a la pasividad. Él comparte esta verdad para estimularlos a tener una fe que sume riesgos, que sigue a Dios, que representa la verdad y que sigue el programa del reino. Pero Pablo no quiere que los cristianos piensen que la autoridad es una mala cosa en y de por sí. Dios tiene un propósito para las estructuras de poder que existen en este mundo, y aunque no duren para siempre, podemos confiar en que Dios está obrando por medio de ellos y en ellos. Incluso en tu organización. Aun por medio de ese jefe que no te gusta mucho. Esto también debería alentarnos a orar. Y es que si no tienes la autoridad que te gustaría poseer, una de las mejores formas de cambiar es presentárselo a Dios.

Lo que Romanos 13.1 nos dice es que si estoy frustrado con el trabajo que no tengo, tal vez siga teniendo trabajo que hacer. Si crees que podrías ser ascendido, y si todavía no has subido de categoría laboral, quizás siga habiendo algún crecimiento que Dios ha planeado para ti. Cuando estás preparado y cuando el momento es el correcto, Dios puede levantarte. O puede llevarte por una senda diferente. Puedes enfurecerte, o te puedes ocupar en mejorar. Tienes que escoger. Una profunda confianza en Dios y una esperanza persistente para el futuro te empujarán a seguir creciendo y aprendiendo, porque tú crees que Dios te está preparando para el lugar al que te va a llevar. Hasta que esto ocurra, no estás del todo listo. Esta clase de humildad me permite seguir trabajando en mi oficio, sabiendo que cuando esté preparado, llegará mi momento.

Unidad con tus compañeros

¿Recuerdas a los pájaros de *Buscando a Nemo*? Siempre captan mi atención. Mientras pelean por lo que está en el suelo, vuelan alrededor y gritan: «¡Mío! ¡Mío! ¡Mío!». Disney no ha clavado jamás una imagen de la egoísta condición humana mejor que en esa pequeña escena. Tristemente, hacemos lo mismo. Nuestra tendencia es volar alrededor y gritar «¡Mío! ¡Mío! ¡Mío!». Lo hacemos con nuestras ideas, con nuestros proyectos, con nuestros ministerios y con nuestras funciones. Elegir la positividad nos obliga a reconocer que todo lo que tenemos nos ha sido entregado como dones para que los desarrollemos. Esto tiende a ir en contra de nuestro orgullo egoísta. Descubrirás que estás más dispuesto a tomar *tus* ideas, exponerlas, y participar con los demás para que todos puedan apoyar el mismo plan.

La visión panóptica pelea por el *nosotros* por encima de *mí*. Nos indica que estamos mejor juntos que separados. Escoger la positividad produce resultados colectivos mayores que si estuviéramos cada uno intentando mantener nuestros propios objetivos.

EL LEVANTAMIENTO FINAL

Mi pregunta condescendiente favorita en el planeta Tierra es: «¿Te levantas alguna vez, hermano?». Cada vez que un amigo mío intenta retarme respecto a algo, esa es mi respuesta por defecto. Esta pequeña pregunta sarcástica empezó, probablemente, en los círculos de los levantadores de pesas, como forma de irritar al tipo que posa como experto en acondicionamiento físico. Y, si me lo permites, creo que existe un axioma espiritual para nosotros envuelto en esta pregunta tonta.

¿Quién hace el *levantamiento* en tu profesión? Piensa en dónde te encuentras hoy. ¿Cómo llegaste ahí? En cada historia hay personas involucradas que contribuyeron decisivamente en levantarnos, que nos echaron una mano. Padres, maestros, entrenadores, amigos, todos tenemos a personas que han sido la clave de nuestro progreso. Es obvio que nosotros mismos debemos sacar un buen provecho de ese levantamiento. Con toda seguridad hay algo que hacer con el punto en el que te encuentras, pero tú y yo sabemos que, en última instancia, no somos nosotros quienes realizamos la parte más pesada del levantamiento. Hay alguien más detrás de cada historia: aquel que, en realidad, tiene la mayor influencia en la situación. Aquel que es el héroe detrás de la estrella. Nuestro Creador y Padre celestial interpreta ese papel. Él es quien pone a las personas en los escenarios, enciende los focos y les da el micrófono. Él es quien le entrega el martillo al juez, el silbato del entrenador y el plasma táctil al maestro.

«Humíllense, pues, bajo la poderosa mano de Dios, para que él los exalte a su debido tiempo» (1 Pedro 5.6). Este pequeño versículo es tan simple, y asigna dos funciones con bastante claridad. De modo que permíteme preguntarte de nuevo. «¿Te levantas alguna vez, hermano?». Cuando se trata de ti, no lo haces. Es Dios quien se ocupa de ello. Él efectúa el levantamiento. Nosotros necesitamos humillarnos. Dios toma a las personas del suelo. Es necesario mantener nuestra cabeza inclinada y esforzarnos. Los seguidores de Cristo sabemos que, gracias a Dios, somos quienes somos, y estamos donde estamos hoy. La mano poderosa de Dios es lo bastante fuerte para levantar a cualquiera de nosotros y sacarnos de cualquier circunstancia y, por ello, podemos confiar en él y tener esperanza para el futuro.

Nadie conoce el «debido tiempo» como Dios. Demasiados de nosotros pensamos que «debido tiempo» significa «justo después de que oremos».

«Dios, es lunes. Llevo seis largos meses ya en este trabajo, y no me han ascendido. Si no he tenido noticias de mi jefe antes del viernes, voy a empezar a buscar otro empleo. ¡Me corresponde ese ascenso!».

Hace unos cuantos años, vi un documental titulado *Muscle Shoals*.[6] Esta ciudad al norte de Alabama, con una población en torno a trece mil personas, está infestada de pobreza y de hostilidad racial. Pero en esa ciudad olvidada, un tipo llamado Rick Hall fundó FAME (Florence Alabama Music Enterprises), que había producido algunas de las canciones más influyentes de los últimos cincuenta años. Echa un vistazo a los artistas que han grabado en Muscle Shoals: Etta James, Otis Redding, Percy Sledge, Wilson Pickett y Donny Osmond. Y esta es la lista más corta.

Como crecí en Alabama, había oído hablar de Muscle Shoals. Había atravesado en auto esa pequeña ciudad situada a orillas del río Tennessee un par de veces, pero no tenía ni idea del nivel de música genial que se había grabado allí. En razón de la cultura igualitaria y racialmente inclusiva creada en FAME, esa diminuta ciudad —que apenas se ve en el mapa— se ha convertido en el principal destino del mundo para grabar. Observé el documental, y me di cuenta: *Si estás creando algo grande, tu tiempo llegará.* Y si no ha llegado aún tu momento, sigue esforzándote por crear algo grande.

Ha habido muchos días en los que he pensado, *No creo que mis jefes vean lo que soy capaz de hacer.* Sin embargo, en lugar de permitir que ese pensamiento me condujera por la senda del orgullo y de la amargura, he intentado permanecer abajo, humilde y hambriento. Si tus jefes no se han dado cuenta aún de tus contribuciones, tienes todo el derecho a enfurecerte y frustrarte. Puedes apuntar con el dedo y culpar a aquel que creas que te está reteniendo algo. Sin embargo, no creo que esto te ayude a crecer como líder. Podrías sentirte bien por un momento, pero, a largo plazo, puede acabar funcionando en tu contra. Creo que confiar en Dios y tener paciencia es una mejor opción. Enfocarse en cultivar la visión panóptica y aguardar las oportunidades que Dios te provee. Puedes tomar toda la energía que estás usando en enfurecerte o frustrarte, y usarlo para mejorar. Canaliza esa energía para el trabajo duro. Tal vez, si tus aptitudes no se han notado todavía, es porque no las has desarrollado como necesitabas hacerlo.

Conforme empiezas a ver tu empleo, tu llamamiento y tu vida tal como Dios quiere que los veas, teniendo en mente la imagen panorámica, esto te ayudará a aminorar la frustración que puede destrozarte, y al equipo en el que trabajas. Y, cuando empieces a ver tu vida con la imagen más amplia en mente, serás más capaz de escoger la positividad que él quiere que tengas.

CAPÍTULO 6

PIENSA
DE FORMA CRÍTICA

Tal vez seas una de esas personas que, tras acabar el capítulo anterior, se siente un poco mareado ante la idea de ser positiva todo el tiempo. Estás hecho para ser realista. Y sabes que ser positivo —todo el tiempo—, te sacará a ti y a las personas con quienes trabajas de quicio. Tengo una buena noticia para ti. Estoy de acuerdo contigo. Por esa razón, la positividad no se mantiene en pie sola. Es necesario compaginarla con la aptitud de pensar de forma crítica. Aprender cómo ejercer la habilidad de pensar críticamente por el bien de los demás es fundamental para liderar cuando no estás a cargo.

EMPALAGOSO COMO UNICORNIO
DE CUERNO ARCOÍRIS

Rellena el hueco en blanco. Existen dos clases de personalidades en el mundo: la positiva y la _____.

Si escribes el término «negativo» sobre la línea, no estarás del todo equivocado. Tan solo estarás etiquetando a las personas. He llegado a creer que no hay personas «negativas» en el mundo. Lo que quiero decir es que la mayoría de las personas no se autoidentificarán voluntariamente de «negativas». Cuando les preguntas lo que son, te responderán que solo son «realistas». Me encanta esa palabra.

Es un hecho interesante de la vida que no puedo demostrar, pero sí creer: las personalidades positivas se casan, por lo general, con gente realista... y viceversa. Tal vez cada una de ellas reconoce su necesidad de que el otro sobreviva a los retos de criar a los hijos. Yo sé que Jenny y yo estamos hechos el uno para el otro en este sentido. Soy, por naturaleza, una persona positiva. Es un punto fuerte y una debilidad. Me proporciona resiliencia y me ayuda a abrirme paso a través de las situaciones difíciles, pero también puede hacer de mí un ingenuo frente a los desafíos que tengo por delante. Soy culpable de prometer en exceso y de no hacer las cosas a tiempo. «Oh, hola cariño. Sí, casi he acabado. Estaré en casa en veinte minutos». Jenny ha aprendido que ese es el código para «te veré en una hora».

A lo largo de los años pasados, he estado creando una lista de criterios para el líder consumado que aprovecha la influencia y no la autoridad para conseguir que se hagan las cosas. He notado que escoger la visión panóptica es enormemente importante. Es necesario que los líderes cultiven una visión positiva en aquellos que lideran. Y tienen que ver esa visión por sí mismos. Sin embargo, una perspectiva que solo es positiva puede ser peligrosa si no va emparejada con aquello de lo que estamos hablando en este capítulo.

A la mayoría de las personas les repugnan ligeramente las personas exageradamente positivas. Sé que es lo que me ocurre a mí, aunque soy por lo general una persona positiva. De inmediato me asalta el escepticismo respecto a las personas que me hablan de forma constante con términos enfáticos y optimistas.

«¡El sermón del domingo fue el mejor de todos!».

«Ese sermón fue el mejor que he oído jamás en esta iglesia».

«Nunca he pasado un momento más poderoso de adoración».

¿De verdad? ¿El mejor de todos? ¿En toda tu vida esta ha sido la experiencia más poderosa de adoración que hayas vivido jamás? Tal vez sea verdad, pero cuando alguien afirma lo mismo cada dos semanas, tiendo a no tomármelo en serio. A pesar de lo que las minipiezas de *La LEGO película* intentan vendernos, no todo es siempre asombroso. Si crees estar atascado en la negación, te sugeriría que te casaras con un realista.

Hace unos años inauguramos una reunión en nuestra iglesia diseñada para los veinteañeros. Ha sido un enorme impulso de dinamismo para nosotros. Estábamos intentando asegurarnos de que cualquier profesional de veinticuatro años, que viviera en nuestra comunidad, pudiera pertenecer a un lugar donde pudiera invitar a un amigo que no asistiera a la iglesia. Empezamos realizando toda la investigación posible respecto a cómo sería el futuro de la iglesia si les habláramos a todas las personas que conociéramos, por debajo de los treinta años. Yo le estaba dedicando tanto tiempo a esto que las personas de dentro y fuera de nuestra organización empezaron a enviarme cualquier artículo con el término «milenio» en el título. Como nota al margen, si yo perteneciera a esa generación —por poco no formo parte de ella— me fastidiaría mucho que se escribieran artículos sobre mí. Digamos tan solo que mi bandeja de entrada se vio inundada.

Hubo un artículo que me impactó, por lo divertido y atractivo de su título. Si mal no recuerdo, decía: «Generación del milenio: ¿son un grupo de optimistas descaminados o un grupo de empalagosos?».

Empalagosos como un unicornio de cuerno arcoíris. Esta es, indiscutible y literalmente, la imagen más fantástica que mi mente haya concebido jamás. Nunca. (Lamento la positividad ridícula, pero en este caso es totalmente cierto). ¿No es un fantástico trabajo de descripción de algunas de esas personas positivas que conoces? Escúchame. La positividad es extraordinaria, pero un empalagoso no lo es. Es enfermizo, y no en el buen sentido. Por esta razón, en este capítulo quiero presentarte una aptitud que te impedirá ser una de esas personas odiosas, repugnantes, exageradamente positivas, plantadas en la negación y empalagosas como un unicornio de cuerno arcoíris. Cuando esta habilidad se combina con una perspectiva genuinamente positiva y llena de esperanza, puedes convertirte en un líder eficiente y equilibrado, con la capacidad de alentar a quien esté en cualquier sala y añadir valor al equipo en el que Dios te coloque.

EL PENSAMIENTO CRÍTICO COMO APTITUD

Una de las frustraciones más comunes cuando no se está al mando es que te digan que no. A nadie le gusta esto. Sin embargo, peor que toparte con una negativa es que no te encomienden una tarea en la que trabajar y recibir poca o ninguna dirección. A continuación, tras haberle dedicado energía, esfuerzo y tiempo al mencionado proyecto, se te indica: «Esto no es exactamente lo que estamos buscando. ¿Qué más tienes?».

Hace unos cuantos años, nuestro liderazgo del campus tuvo una idea sobre cómo incorporar a nuevos invitados a través de un entorno nuevo, tipo conserjería. Nuestro equipo debatió la idea, creó un plan y hasta implementó un ensayo en línea para ver cómo sería en la vida real. Alguien de nuestro equipo central se enteró, y recibimos órdenes de cesar y desistir, porque era distinto a lo que estábamos haciendo en nuestros demás campus. Aquello no me gustó. De modo que ataqué con unas cuantas conversaciones retadoras. Empecé a comprender por qué querían que aguardáramos, pero eso no impidió que me sintiera frustrado. Pensé que si yo estuviera al mando, podría decir sencillamente: «¡Adelante!», y se llevaría a cabo. En su lugar, tuve que esperar para implementar una idea extraordinaria, porque alguien por encima de mí no consideró que fuera la mejor idea para nosotros.

En esos momentos somos de lo más susceptibles a creer la mentira de que debemos estar al mando con el fin de conseguir que se haga aquello que queremos. Y, en vez de convertirnos en alguien superpositivo y apoyar ciegamente todo lo que se nos entrega, o volvernos cínicos, amargados y negativos, es necesario responder de forma crítica y cuidadosa. Escoge la positividad, pero piensa también de manera crítica.

LAS BASES DEL PENSAMIENTO CRÍTICO

Todo buen líder es también un pensador crítico. Los líderes saben, por intuición, cómo hacer las cosas mejor. En las conferencias, nuestra iglesia acoge a jóvenes líderes; mi jefe,

> Todo buen líder también es un pensador crítico.

Andy Stanley, siempre le dice a la multitud que sabemos que probablemente tienen dos conjuntos de notas: uno para lo que están aprendiendo y otro para lo que ellos harían de manera diferente si estuvieran impartiendo la conferencia. Esto es lo que hacen los líderes de pensamiento crítico. Y apenas puedes evitarlo. Siempre estarás buscando formas de mejorar las cosas, de comunicarlas mejor, de hacerlas mejor. Es lo que hacen los líderes.

Pero los líderes que son pensadores críticos no se limitan a criticar y quejarse; ellos aprenden. Empiezan por cuestionar las cosas. ¿Por qué lo hacemos de este modo? ¿Hay alguna forma mejor? ¿Qué ocurriría si lo dejáramos de hacer? ¿Por qué funciona? ¿Cuál es aquí el verdadero triunfo? Formular preguntas es el núcleo central del pensamiento crítico. Las preguntas retan a las suposiciones. Las preguntas descubren las fuerzas invisibles subyacentes a las conductas y las acciones.

Los pensadores críticos también se fijan en las cosas. ¿Por qué no hay música? ¿Por qué eran tan mayores los que los han recibido? Esa presentación carecía de empatía. Me pregunto por qué no eligieron pintar ese letrero del mismo color que el resto de sus carteles. Ser observador es otra cualidad clave del liderazgo, porque al observar las cosas con esmero, somos capaces de determinar mejor las relaciones causa-efecto. Los líderes saben a qué prestar atención y pueden descubrir la variable que ha cambiado, o que está fuera de lugar, y está causando un cierto resultado.

Los pensadores críticos son también capaces de *conectar* las cosas. De manera similar a la capacidad de observar, los pensadores críticos son capaces de observar y, a continuación, establecer conexiones entre las conductas y los sentimientos que parecen estar desconectados. Poseen, asimismo, la habilidad de identificar lo que sienten en ciertos entornos. Y, más importante aún, los pensadores críticos pueden identificar lo que está provocando dicho sentimiento. Son autoconscientes y tienen la aptitud innata de relacionar los sentimientos de las personas con las conductas que contribuyen a causarlos. La brillantez de este tipo de liderazgo radica en que cuando aprendes a anticipar esos sentimientos antes de que se produzcan, puedes alinear el equipo para crear un entorno que suscite los sentimientos que tú deseas para ellos.

Los grandes líderes que dirigen grandes organizaciones realizan esto semana tras semana. Al timón encontrarás líderes que formulen preguntas y conectan sus observaciones de un modo que los demás sencillamente no pueden. Luego encuentran maneras simples de comunicar esas conexiones a los voluntarios que se sienten valorados y parte del proceso. Semana tras semana implementan esto para beneficio de la comunidad. Todo no es siempre asombroso. Los grandes líderes lo saben. Pero también saben escuchar, observar, atar cabos y resolver problemas, porque son capaces de pensar de forma crítica.

EL CAMINO MÁS DIFÍCIL

Colin Cowherd, una de las personalidades más destacadas de los medios deportivos estadounidenses, es célebre por sus fuertes opiniones. No solo me resulta entretenido, sino lleno de conocimiento profundo. Por ejemplo, en *You Herd Me* [Me escuchaste], de Colin Cowherd, afirma: «Redes sociales: "No lo hagan después de un coctel ni en su ropa interior"».[1] Piensa en cuanto sinsentido se evitaría si aplicáramos esta norma. Cowherd mismo es un pensador crítico y lo que dice sobre los mariscales de campo de la NFL captó mi atención. Empezó a percibir que la NFL estaban llenos de mariscales de campo de pequeñas universidades. Las potencias tradicionales del fútbol universitario (Alabama, LSU, Florida, Clemson, Florida State, Southern Cal, Notre Dame, Michigan, Ohio State, Oklahoma, Texas) solo han producido unos pocos de los mariscales de campo actuales que se inician en la NFL. ¿A qué se debe esto? Cowherd apunta a unas cuantas razones:

- Los mariscales de campo de pequeñas universidades tienden a estar resentidos por haber sido ignorados. Un profesor le indicó a Aaron Rodgers que nunca lo conseguiría.[2] Todas las grandes universidades pasaron por alto a Matt Ryan.
- Las pequeñas universidades permiten que esos mariscales de campo desarrollen aptitudes que, de otro modo, no habrían conocido en las escuelas mayores. Ben Roethlisberger aprendió cómo maniobrar los huecos, debido a los delanteros escasamente ofensivos fichados en la Universidad de Miami. (No la de Miami, Florida, sino la de Miami en Ohio, más

conocida por su alto porcentaje de estudiantes universitarias que por su departamento de atletismo).

Esos jugadores tienen un alto factor de «despabilamiento». Son perspicaces. Son actuales. Son listos. Atan cabos. Entienden cómo motivar a las personas. Y creo que una de las razones no declarada de por qué tienen éxito los mariscales de campo de escuelas de fútbol más pequeñas y menos conocidas, es porque aprenden a pensar de forma crítica en esos entornos. Se enfrentan a un camino más difícil para llegar a la NFL, y esa senda los prepara para ser mejores líderes en el siguiente nivel. Recuerda, el liderazgo es la capacidad de motivar a las personas a esforzarse más, y a trabajar durante más tiempo y con mayor inteligencia, por la claridad con la que se ha pintado la visión del objetivo final. Quienes tienen que vencer obstáculos necesitan obligarse a pensar de forma crítica, y eso los ayuda cuando alcanzan el siguiente nivel.

CUATRO CAMBIOS SUTILES

Aunque la positividad es, en gran medida, una elección que hacemos para aceptar la visión o perspectiva panóptica, ser un pensador crítico no lo es: es una aptitud. Es una habilidad que puede desarrollarse. Si no se te da bien pensar de forma crítica, puedes crecer en este ámbito y convertirte en un mejor pensador crítico.

Como yo he sido un poco negativo respecto a la positividad, en este capítulo merece la pena repetir: el mayor beneficio que puedes aportarle a tu equipo es tu energía positiva. Sin embargo, ser un pensador crítico es un valor añadido sustancial. Implica cuestionar las suposiciones, percibir las anomalías y atar cabos entre los sentimientos y las acciones. Estas aptitudes te ayudarán a resolver los problemas. Si estás procurando desarrollar esta habilidad, existen unos cuantos cambios sutiles que puedes abordar de inmediato. He visto cómo estos producían resultados eficaces a largo plazo en la capacidad de influir en los demás.

Primer cambio: Deja de pensar como un empleado. Empieza a pensar como un propietario.

He oído esto tantas veces en las conferencias de liderazgo y en las transmisiones por Internet que casi no lo incluyo. ¡Pero es que es tan cierto! Nada ha afectado más a mi capacidad de pensar críticamente, a lo largo de los últimos años, que intentar pensar como un propietario.

Los propietarios ven cosas que los demás no ven.

Los propietarios tienen mayor participación que los demás.

Los propietarios se preocupan más profundamente, porque su futuro depende de ello.

Hace unos cuantos años, fui el presentador de un acontecimiento para las Conferencias de la Pasión, titulado Pasión. Tuve el honor de aceptar la invitación, porque estoy profundamente agradecido por Louie y Shelley Giglio. Estas dos personas son de los seguidores más atrevidos y valientes de Jesús que he conocido jamás. Cuando otros preguntan «¿Por qué?», Louie y Shelley son soñadores que preguntan: «¿Y por qué no?». Han sido padres espirituales para mí, tanto directa como indirectamente, para toda una generación de líderes en edad universitaria a lo largo de las últimas décadas. Por tanto, cuando me lo pidieron, ¡respondí que sí de inmediato!

Justo antes del evento, tuve la ocasión de sentarme con Louie y preguntarle qué era lo más importante que yo podía hacer como presentador de su acontecimiento. Sin dudarlo un instante, Louie me respondió que era necesario que yo *me apropiara de aquel evento como si fuera mío*. «Si estás hablando del próximo álbum Pasión, es necesario que lo hagas como si la idea de grabarlo hubiera sido *tuya*. Si estás hablando del hospital para el cual estamos recaudando fondos para ayudar a los refugiados sirios, es necesario que te refieras a ello como si hubieras estado presente en cada reunión que hemos mantenido». Aquello fue increíblemente útil, desafiante y liberador. ¿Y por qué es esto cierto? Una ilustración simple que usamos todo el tiempo en nuestra organización podría ayudarte a ver la diferencia. Si hay basura en el pasillo o en el aparcamiento, los empleados pueden decidir pasar por su lado sin más. Peor aún, pueden llamar a alguien que trabaje en las dependencias para que la recojan. Los propietarios se agachan ellos mismos y la retiran, porque es su reputación la que está en juego.

En mi opinión, es aún más importante que los empleados de la iglesia y los pastores entiendan este principio. No tengo la más mínima experiencia en trabajar en un negocio familiar, pero imagino que cuando eres el hijo o la hija del dueño de un negocio de ese tipo, piensas naturalmente de un modo distinto que los demás empleados. ¿Por qué? Porque sabes que existen muchas posibilidades de que este negocio no solo sea tu empleo de hoy: algún día podrías ser tú mismo su dueño. Hay un orgullo sano que procede de saber que, un día, podrías muy bien ser el líder principal responsable de administrar la organización. Y eso es lo que estamos haciendo como líderes en la iglesia. Como hijos e hijas de Dios, trabajamos para nuestro Padre, el dueño.

En Romanos 8.17, Pablo aclara esta idea: «Y, si somos hijos, somos herederos; herederos de Dios y coherederos con Cristo, pues, si ahora sufrimos con él, también tendremos parte con él en su gloria». Si somos hijos e hijas de Dios, entonces somos responsables de pensar como propietarios. Y, aunque esto es especialmente así para los que trabajan en la iglesia o en una organización religiosa no lucrativa, también lo es para quienes se dedican a los negocios o lideran en otras capacidades. Todo el trabajo que realizamos tiene importancia para Dios, y tendremos que rendir cuentas por todo ello, y no solo por el trabajo que hacemos para los programas de la iglesia o el culto del domingo. Quizás no ostentes la función de pastor titular, pero deberías preocuparte por tu trabajo y por tu llamamiento, porque estás en la familia de Dios. No eres tan solo un siervo en la casa de Dios. Eres hijo del rey, y has sido llamado para trabajar para él, dondequiera que te encuentres.

Segundo cambio: Deja de amontonar reuniones. Empieza a programar reuniones para pensar.

Si estás en una iglesia, en un pequeño negocio o trabajas en una empresa, puedes quedar absorbido por una multitud de reuniones. Es el tirón gravitacional natural de cualquier organización. Mi descripción favorita de esto se encuentra en *Las 4 disciplinas de la ejecución* de Chris McChesney, Sean Covey y Jim Huling. Los autores describen este tirón gravitacional hacia la ocupación como «el torbellino».[3] Este se describe como la cantidad masiva de energía necesaria para mantener sencillamente tu operación en marcha día a día. Cuando pienso en el torbellino, lo primero que me viene a la mente son las incontables reuniones que aparecen en mi calendario. En ocasiones, las numerosas reuniones empiezan a aparecer. Después de un momento, empiezas a preguntarte: *¿Soy yo quien organizo mi calendario o me dirige él a mí?*

Lo peor es tener un montón de reuniones seguidas. Aunque pueda parecer eficaz, también puede ser un enemigo del pensamiento crítico. Llegaré al final de mi día y me daré cuenta de que no he generado nuevos pensamientos ni nuevas ideas. Solo he estado reaccionando a las circunstancias y resolviendo problemas. Si te encuentras constantemente en este modo, es necesario que reclames el control de tu vida. Es necesario que dejes de acumular reuniones, y que empieces a programar el tiempo para pensar de forma crítica. Nunca te desarrollarás como líder si no eres capaz de dominar esto.

¿Por qué me vienen las mejores ideas cuando estoy en la ducha? Siento como si mi CI subiera al menos veinte puntos más mientras

me enjabono que en cualquier otro momento del día. Y no soy el
único a quien se le enciende la bombilla entonces. El psicólogo cognitivo Scott Barry Kaufman afirma que el setenta y dos por ciento
de las personas tienen ideas creativas en la ducha.[4] Y esto se debe a
que pensar críticamente requiere un espacio mental ininterrumpi-
do. No es solo la ducha la que produce esos periodos de claridad.
Cortar el césped, dar un paseo, conducir hasta el trabajo o hacer
una pausa lo suficientemente larga como para mirar, observar y atar
cabos proporcionan el espacio necesario para pensar con claridad.
Si vas de reunión en reunión, no lo tendrás. Tienes que sacarlo a la
fuerza o tu liderazgo sufrirá.

No estoy sugiriendo que te duches entre reunión y reunión,
aunque pienso que encontrarás más creatividad en tus ideas a lo
largo del día si lo hicieras. ¡Y estarás tan fresco y tan limpio (gracias,
Big Boi)! Sin embargo, voy a sugerir que programes espacio para
pensar de forma crítica, marcarlo como una reunión, en momentos
puntuales a lo largo del día. Hace unos cinco años, empecé a espa-
ciar mis reuniones (las que podía controlar) con mayor intencionalidad. Mi naturaleza eficiente quería que mis reuniones acabaran
a la hora en punto, y que la siguiente comenzara sesenta segundos
después. Pero yo sabía que yo era el peor para esto. La eficiencia
no conducía a la efectividad. Descubrí que había numerosas consecuencias negativas. En primer lugar, llegaba constantemente tarde a
las reuniones. En segundo lugar, no estaba del todo presente en ninguna de ellas. Estaba allí, pero me dedicaba a procesar la reunión
anterior y también a pensar en la siguiente. Ir de una reunión a otra
provocaba que el control del tráfico de mi cerebro fuera confuso y
distorsionado. Yo estaba preocupado, distante y mentalmente ausente. Y, lo peor de todo, no tenía espacio para pensar con claridad.

Realicé dos cambios. Empecé a programar espacio entre las reuniones, breves momentos de descanso para poder pensar. Me obli-
gué, asimismo, a llegar antes al trabajo. Cuando tenía veintitantos

años, recuerdo haberme sentado con mentores que me dijeron a qué hora llegaban al trabajo. Era infame y parecía hasta imposible. Y entonces, un día, algo hizo clic dentro de mí, y entendí que nunca sería capaz de añadir valor si no aumentaba el tiempo para pensar. Ir al trabajo más temprano me ayuda a tener ese tiempo adicional, y programar tiempo entre reuniones para pensar críticamente me ha capacitado para mejorar la calidad de mis contribuciones a dichas reuniones. El mayor enemigo del pensamiento crítico es una agenda congestionada. De nuevo, aprópiate tú de tu calendario o él se adueñará de ti.

Tercer cambio: Deja de ser crítico. Empieza a pensar de forma crítica.

El resultado más peligroso de pensar críticamente es ese sutil tirón que sientes para convertirte en una persona crítica. Existen momentos en que la línea entre ser crítico y pensar críticamente es fina como una cuchilla de afeitar. He conocido a algunas personas cínicas, negativas, que excusan sus actitudes y sus conductas, e intentan hacerlas pasar por pensamiento crítico. Puede oír la cacofonía de excusas.

«Si no puedes manejar la retroalimentación, no preguntes».

«¿Cómo vamos a mejorar alguna vez si no nos enfrentamos a la verdad?».

«Siento que no puedas gestionarlo. Solo estoy diciendo la verdad».

Si pensar críticamente es una aptitud, ser crítico es una trampa. Y escojo la palabra *trampa* por una razón. Me topé con este término mientras predicaba sobre Proverbios 29.25: «Temer a los hombres resulta una trampa, pero el que confía en el SEÑOR sale bien librado». Me encanta este axioma del rey Salomón, y he aprendido a amar el término *trampa*. ¿Pero qué quería decir Salomón? *El conocimiento bíblico* lo explica muy bien: «Temer al hombre entrampa en el sentido de que las acciones propias están controladas o confinadas por la persona temida».[5] No significa caer en una trampa. Sencillamente no planeaste evitar ser atrapado en ella. Sé que muchos líderes jóvenes no quieren ser críticos. No se sientan y planean ser cínicos, pero aun así quedan apresados.

Cada vez que hablo del pensamiento crítico con líderes, formulo esta pregunta: «¿Cuál es la diferencia clave entre alguien que es crítico y un pensador crítico?». Tras unos momentos, alguien grita mi respuesta favorita.

Motivación.

Las personas críticas quieren que pierdas. Están motivados para hacer una crítica demoledora de alguien. No ofrecen una crítica constructiva; ellas deconstruyen. Aportan problemas, no soluciones. Cuando señalo algo que falla en ti para sentirme mejor conmigo mismo, estoy siendo crítico.

Los grandes pensadores críticos quieren que ganes. Los motiva hacer algo mejor. Sí, es posible que deconstruyan, pero es por el mejoramiento de los demás. Ni siquiera les importa recibir el crédito. Cuando señalo algo incorrecto en lo que haces, porque creo ver una forma mejor para ti, estoy pensando críticamente para servirte.

Cuarto cambio: Deja de puntuar a los demás. Empieza echándoles una mano.

A nadie le gusta sentir que lo están puntuando. A nadie le gusta sentir ser medido y monitorizado constantemente. Yo me he sentido puntuado por otros, y sé que dentro de mí existe el deseo de hacer lo mismo con los demás. Puedo no ser algo intencional, pero recuerda: nadie se mete en trampas de forma intencionada. Solo cuando se camina con descuido por la vida se cae en la red. Por tanto, si no tienes cuidado, tu pensamiento crítico hará que otros se sientan como si estuvieras poniéndoles nota. Cuando te quedas de pie en el fondo de la sala y evalúas la actuación de otro equipo, presta atención a tu postura. Fíjate en tu rostro. Cuida lo que les digas cuando los vuelvas a ver.

No se trata de *si* deberías transmitir los pensamientos que podrían mejorar a quienes te rodean. La cuestión es *cómo* les transfieres esos pensamientos. Estoy convencido de que puedes decir cualquier cosa —incluso la verdad dura y sincera— siempre que lo hagas con amor y con un tono afectuoso. Cuando comuniques pensamientos críticos a quienes están junto a ti, por debajo de ti, o a tu jefe, necesitas hacerlo a la vez que tiendes una mano de ayuda y no como si los estuvieras puntuando. A continuación, unas cuantas formas prácticas de hacerlo:

- Asegúrale al oyente que estás a su favor. Cuando sabemos que otros solo quieren ayudarnos, podemos recibir mejor la reacción que, de otro modo, podría parecer crítica.
- Presenta siempre una solución a cualquier problema que suscite. La determinación de los problemas no te hace conseguir amigos.
- Mantén tu presión sanguínea tan baja como sea posible cuando estés comunicando retroalimentación. Si no puedes hablar al respecto dejando a un lado tus emociones, no estás preparado para conversar sobre ellas.
- Presenta retos potenciales en el ritmo positivo-reto-positivo. Algunos los denominan «sándwich de cortesía» y otros sencillamente lo califican de sabio.

Los grandes líderes saben cómo comunicar los pensamientos críticos, de un modo que beneficie a los demás. Jesús sabía cómo hacerlo con exactitud, y de la forma que amó a la mujer junto al pozo, a la mujer sorprendida en adulterio, y hasta a Pedro, su discípulo de tanto tiempo; él nos mostró cómo hacerlo.

EL PODER DE LA TOALLA

Justo al este del centro de Dallas se ubica el Seminario Teológico de Dallas. He pasado mucho tiempo en ese campus, y siento una enorme deuda de gratitud hacia esa institución. Una de las imágenes más gráficas que guardo en mi mente es una estatua por delante de la cual pasé centenares de veces. Con fantástica claridad y deliberada emoción, la estatua describe una famosa escena de la vida de Jesús. Es una escultura de Jesús en el aposento alto, justo antes de la fiesta de la Pascua, y ofrece un impresionante modelo de liderazgo. Después de la cena, Jesús hace algo que fue, y sigue siendo, casi impensable para cualquier líder, y menos aún para el Salvador del mundo.

El apóstol Juan prepara la escena cuando nos señala: «Sabía Jesús que el Padre había puesto todas las cosas bajo su dominio» (Juan 13.3). Es una extraña declaración. La gente poderosa no hace lo que Jesús hizo a continuación. Juan prosigue: «Así que se levantó de la mesa, se quitó el manto y se ató una toalla a la cintura. Luego echó agua en un recipiente y comenzó a lavarles los pies a sus discípulos y a secárselos con la toalla que llevaba a la cintura» (Juan 13:4, 5).

Cuando estaba en la escuela, pasé tantas veces por delante de esa estatua que acabó mezclada con el entorno. Se volvió invisible para mí. Entonces, un día, el profesor de historia de la iglesia, el doctor John Hannah, con gran elocuencia hizo que esa estatua cobrara vida para mí. Al principio del semestre, inició su clase indicándonos que no estaba allí para ponernos una nota, sino para echarnos una mano. Nos aseguró que si nos sentíamos puntuados por los exámenes y los papeles, no era algo intencionado. Quería que supiéramos que su deseo era ayudarnos en lugar de ponernos nota. Todavía puedo sentir lo genuino de sus palabras. Lo que afirmó el doctor Hannah fue maravilloso y, al pasar de nuevo delante de la estatua al salir de clase, sus palabras conectaron de inmediato con las de Jesús. Él nunca sostuvo un portapapeles; sin embargo, si alguien tenía derecho a puntuar a los demás era el perfecto Hijo de Dios sin pecado. Pero no fue esta la razón de su venida. Jesús no vino a condenar al mundo, sino a salvarlo. Le interesaba mucho más ayudar a los demás que ponerles una nota.

Por tanto, piensa en positivo. Y sé también un pensador crítico. Date a conocer como un valor añadido, un solucionador de problemas. Al buscar tener la aptitud de pensar críticamente, mantén esta imagen en mente: la imagen de Jesús de rodillas, toalla en mano, lavando los sucios pies de sus seguidores más cercanos. El Creador de las estrellas y las galaxias nos proporcionó una imagen de lo que más necesitamos: ser servidos y lavados en lo más íntimo de nuestro corazón. Jesús hizo por nosotros lo que más necesitábamos y lo que menos merecíamos. Podía habernos puntuado, y señalado dónde habíamos fallado y donde habíamos errado el tiro, pero no lo hizo. En su lugar, nos presentó el concepto radical del liderazgo de siervo, cuando agarró una toalla y dejó caer el portapapeles. Pensar críticamente es crucial para convertirse en un líder que dirige cuando no está al mando. Y, conforme aprendes a pensar de forma crítica, no olvides nunca que la toalla es la forma en que Dios nos dirige, y que casi siempre es más poderosa que el portapapeles.

CAPÍTULO 7

RECHAZA
LA PASIVIDAD

Como estudiante sano, alegre de una universidad social, profundamente implicado en una iglesia ya grande y en continuo crecimiento, fui el candidato principal para ayudar a alguien a trasladar algunos muebles. Para empeorar más las cosas, Matt BeVier, mi mejor amigo en el Georgia Tech y colíder en nuestro ministerio de escuela secundaria en la iglesia, tenía una camioneta. Y esto es el beso de la muerte para tus sueños de los sábados por la tarde: relajarte con los pies en alto y viendo fútbol. Si Matt y yo hubiéramos sido más económicamente astutos y emprendedores, habría sido posible sacar provecho de las docenas de amigos y familiares que requerían nuestros servicios cada semana. Digamos que nunca me hice rico con las mudanzas.

Uno de mis más claros recuerdos de nuestro trabajo no fue nada que trasladáramos, sino algo que aprendí de alguien a quien llevamos de un sitio a otro. Recuerdo a una familia que reformaban casas, y que nos pidió ayuda con la mudanza. Después de que una empresa de mudanza se hubiera encargado de la mayor parte, nosotros aparecimos para cambiar de sitio una pieza final: la apreciada mesa de billar del padre. Había que trasladarla a su nuevo sótano. Bien; permíteme detenerme aquí, y preguntarte: ¿has levantado una mesa de billar recientemente? Por supuesto que no. Es como intentar levantar a un rinoceronte dormido. Mi parte favorita de aquel trabajo fue el malhablado abuelo de setenta y cinco años, quien asumió el papel de encargado de la operación. No puedo recordar su nombre, y apenas me acuerdo de su rostro, pero el sonido de su voz sureña, marcada por los cigarrillos y ronca, es inolvidable. Me sentía como si estuviera representando una parodia de *Saturday Night Live* mientras el abuelo estaba por allí y observaba cómo movíamos por fin la mesa, y nos ofrecía un reportaje en directo de cada paso en falso y cada raspadura en la pared.

Repetía la misma frase una y otra vez, y esta se me ha quedado grabada a lo largo de los años. Cada vez que muevo algo pesado, vuelve a mi mente de nuevo. Siempre que parecía que la mesa de billar podía ganar y aplastarnos hasta morir bajo su peso, el viejo gritaba con su ronca voz: «¡No dejen que los venza! ¡No dejen que los venza!».

Aquel día, yo sonreía cada vez que él la pronunciaba. Sin embargo, sigue resonando en mi mente, apareciendo en los momentos más extraños. Se está convirtiendo para mí en una especie de grito de guerra para cultivar la intencionalidad y la firmeza. Aun cuando la mesa de billar era un objeto inanimado e irreflexivo, si no estoy en el tope de mi juego, podría haberme ganado, y lo habría hecho.

«¡No dejen que los venza!».

LA PÉRDIDA DE CONTROL

Uno de los beneficios de estar al mando, de tener autoridad sobre los demás, es la apariencia de control que trae la autoridad. Todos sabemos que el sentimiento de estar en control puede ser poderoso. Cuando empiezo a tomar decisiones, experimento ese sentido del control y soy, naturalmente, más firme e intencionado. Cuando yo soy quien lleva la voz cantante, entro en la zona y me centro. Estoy personalmente conectado a estas decisiones, y cuando yo soy el máximo responsable y tengo que rendir cuentas respecto al resultado, siento que participo más. Por esta razón es tan poderoso el sentimiento de propiedad del que hablamos en el capítulo anterior. Los propietarios tienen una sensación de control sobre el plan, la estrategia y el camino a seguir por la organización. Y, aunque todos queremos tener el control, no deberíamos suponer que este facilita las cosas, porque no es así. Sin embargo, el sentimiento de control aporta más intencionalidad y firmeza a nuestro liderazgo.

Una de las tentaciones más peligrosas a la que nos enfrentamos cuando trabajamos para alguien es la pasividad. Si la autoridad nos proporciona un sentimiento de control, la carencia de la misma nos hace sentir intensamente nuestra falta de control. Y cuando nos sentimos fuera del grupo, sin control alguno sobre el plan, tiendo a percibir mi desconexión del resultado. Así como estar en control me obliga a pensar con deliberación en mis decisiones, notar mi ausencia de control provoca que haga lo contrario. Cuando siento que se me encomienda tomar decisiones, levanto las manos, pero no al estilo de Taio Cruz. Peor aún: cuando tomo decisiones para avanzar y estas se ven anuladas por los «que están al mando», tengo la inclinación de sentarme sobre mis manos, con pasividad.

El ejemplo que me viene de inmediato a la mente en nuestra organización es el calendario de predicación. Para aquellos de ustedes que predican, ¿cuál dirían que es el ingrediente clave para una gran serie de sermones? Si podemos convenir en dejar a un lado el poder de Dios por un momento, yo argumentaría que es una gran planificación. He descubierto que predico mejor cuando he tenido tiempo para dejar que una idea «se cueza a fuego lento». Como una gran paleta de cerdo, la clave está en hacerla a fuego lento. Cuanto más tiempo tengo para planear, mejor puedo preparar y más probabilidades tengo de cultivar un cambio de vida, principios y aplicaciones inspiradas por Dios.

El reto al que me enfrento como pastor de campus es que Andy Stanley controla por completo nuestro calendario de predicación.

Y no me malinterpretes; ¡es su deber hacerlo! Él es quien predica treinta y cinco domingos al año, la mayoría de nuestros cultos. Y aunque intenta planificar con tiempo, a veces la longitud de su serie varía. Una serie de cuatro partes se convierte en una de cinco partes, y esto hace que mi serie de tres partes tenga que ser de dos partes, ya que cambia el programa y yo me adapto a él. Si no me he hecho ya a la idea, para mí el cambio no suele ser un problema. Sin embargo, puede resultar frustrante y problemático cuando he dedicado horas y horas a planificar y preparar para que la serie conste de tres partes, y descubrir con una semana de antelación que todo ha cambiado y que es necesario suprimir un mensaje entero. Por mucho que frustre, la mayor tentación es ser pasivo respecto a mi planificación para la próxima vez. Resulta más fácil esperar apoyándose en un plan firme que crear ideas firmes en torno a un plan tambaleante.

Tal vez no tengas la autoridad que quieres. O quizás estés frustrado porque tu idea bien planificada sigue siendo anulada. Es posible que estés desalentado, porque sientes que te han etiquetado y esto te aparta de las oportunidades que quieres. Bueno, «¡No dejes que te venza!». Quiere hacerlo. Si no le prestas atención a esto, lo hará. Antes de que te des cuenta, la pasividad de la subordinación se instalará en ti como la peste. Por esta razón, resistir con pasividad es la mejor respuesta.

LA GENERACIÓN DE LA CONTRADICCIÓN

Cada uno de nosotros camina por ahí dando vueltas, con cargas de contradicciones desordenadas. En primer lugar, sé que soy un desdichado pecador; pero también sé que he sido totalmente perdonado, por la obra de Jesús en la cruz. Ambas cosas son verdad, y me muevo con el conocimiento cognitivo de las dos al mismo tiempo.

Crecer al borde de la generación del milenio, puedo relacionarme con una de las críticas comunes que de ellos se hace: se les conoce como la generación trofeo. Recibí lazos de participación, fui aplaudido por maestros, padres y administradores por cualquier cosa y por todo. Y, como muchos veinteañeros de hoy, crecí oyendo que podía llegar a ser lo que yo quisiera. Y lo creí. Me crié creyendo la frase de Shakespeare: «El mundo es mi ostra, que yo con mi espada abriré».[1] Y, por supuesto, habrá una perla en su interior cubierta de diamantes. Durante toda mi vida me han dicho que esto es así.

A pesar de la crítica de recibir demasiada afirmación positiva, una parte de esto me parece buena. La sensación de logro y confianza que ha construido ha creado una generación de jóvenes líderes valientes, confiados, entusiastas y ambiciosos. ¿Por qué no irías a por ello cuando se te ha dicho toda tu vida que puedes hacer lo que quieras? En ocasiones, solo empiezas creyéndolo. Este pensamiento crea un estado de ánimo valiente dispuesto a probar cosas, la audacia de ir en busca del oro, y la valentía de salvar obstáculos que han retenido a las generaciones anteriores. Sé que ha creado confianza en mí. Tal vez una confianza exagerada, pero dejaré que el brazo de los sociólogos luche por esto.

La contradicción que muchos señalan respecto a la generación del milenio es que aun siendo altamente confiados, por alguna razón, también sentimos una profunda aversión por el riesgo. Los padres que lo han hecho todo por apoyar no han ayudado a que esta generación progrese por sí misma. Cuando tus padres te hacen los deberes, consigues una buena nota, y eso está bien. Y esto puede ayudarte a entrar en una mejor universidad, pero te enseña que en realidad no corres el riesgo de fracasar.

Por mucho que nos riamos de esto, intentar sobreproteger a los niños, evitarles que fallen o caigan, tiene sus propias consecuencias. Mi amigo, el doctor Tim Elmore, afirma que la eliminación de las barras para colgarse de los parques es, quizás, el ejemplo más claro de esto. Esas barras nos enseñan algo respecto a controlar nuestro cuerpo, a asumir riesgos calculados y evitar, además, malas caídas. Aunque siempre existe la posibilidad de una lesión, el niño que aprende a jugar en las barras de colgarse experimenta ese sentimiento de realización que la mayoría de las demás piezas del equipamiento de los parques infantiles no pueden proporcionar. Eliminar las barras de colgarse ha conducido a la contradicción ambulante que vemos en esta generación de jóvenes líderes que sienten aversión por el riesgo y son exageradamente confiados.

Veo la contradicción en mi propia vida, y apuesto a que tú también. ¿Qué hacemos, pues, al respecto? Ser consciente de ella es un gran primer paso. Aprende a reconocer que la tolerancia de un bajo nivel de riesgo puede resultar en pasividad en tu liderazgo. En el poéticamente conmovedor film *Tommy Boy*,[2] Ray Zalinksy, interpretado por Dan Aykroyd, le ofrece un consejo extraordinariamente útil a Tommy. Sin contacto visual con él, Ray le suelta con un fuerte acento del medio oeste:

—¿Se te ha ido un poco la mano aquí con el perfume de pino, chico?

—Señor, es un ambientador para taxis —responde Tommy.

Me encanta la brillante réplica de Ray:

—Muy bien. Lo has identificado. El segundo paso es fregar y eliminarlo.

Evidentemente, aquí no hay nada útil respecto a la pasividad cuando se lidera a otros. Cualquiera que haya creado algo lo ha hecho mediante la intencionalidad. Incluso quienes intentan y no consiguen el beneficio de una oportunidad de aprender. A Thomas Edison se le atribuye la frase: «No fracasé. Sencillamente descubrí dos mil formas de no hacer una bombilla». El mayor peligro de no estar a cargo, y andar aguardando a estarlo, es que nunca aprendes a arriesgar ni a fallar, ni tampoco a manejar dicha experiencia. Nunca aprendes de esos errores. Aprender a detectar en ti ese bajo nivel de temor que te susurra: «Si lo intentas y fracasas, te etiquetarán como alguien que no puede hacerlo». Aprender a ignorar esa voz es crucial. Por tanto, ser consciente de la pasividad es el primer paso, pero el segundo es aprender a rechazarlo y emprender acción.

CUANDO LA ESPERA NO FUNCIONA

En nuestra organización existe un valor que denominamos *permanecer generoso*. Esto es enormemente importante para nosotros, porque sabemos que un equipo lleno de personas tacañas se volverá tóxico. Los mejores compañeros de equipo son aquellos que están dispuestos a compartir ideas, a aguantar que su idea no se use, y que entiendan cuando se les pide que realicen algo que se sale de lo que es su cometido, durante un periodo de tiempo. Esto es permanecer generoso.

El peligro de este valor consiste en que empezamos a crear líderes que carecen de intencionalidad para luchar contra la pasividad. Todos hemos trabajado con personas demasiado indecisas a la hora de asumir más responsabilidad. En su lugar, aguardan hasta recibir directrices. Tal vez vacilan por temor a que su intencionalidad pueda percibirse como «comer terreno». Quizás se deba a que tienen miedo de manejar mal la responsabilidad. Puede ser que titubeen por pereza o porque ya están abrumados con su carga actual.

Esperar que alguien te asigne alguna responsabilidad puede no ser una ayuda para tu jefe. Si de verdad quieres ser un líder que dirige cuando no está al mando, y a quien se le pueden confiar más cosas, tienes que estar dispuesto a añadir responsabilidades a tu función actual. Cuando sientes que estás ahí, esperando más, un gran primer paso consiste en mirar a tu alrededor y buscar aquellas cosas de las que nadie se está ocupando y tomar la iniciativa. No te dediques al juego de la espera. Te perderás oportunidades de liderar.

Hace unos cuantos años, un joven líder que trabajaba para mí solía acabar las reuniones privadas diciéndome que tenía margen para más responsabilidad. Yo pensaba que su trabajo estaba repleto de responsabilidad, pero era obvio que no lo mantenía lo bastante ocupado. Él quería más, y así me lo comunicó... con reg. (esto significa con regularidad para aquellos de ustedes que no entiendan mis abreviaturas). En su favor debo decir que, al menos, fue sincero al respecto.

Con la mejor de las intenciones, él quería indicarme: «Lo que tengo en mi plato no me está manteniendo ocupado, y tengo más que dar. Si hay alguna otra cosa que necesites que haga, házmelo saber». Aunque yo valoraba el sentimiento, acabé diciéndole que lo que yo necesitaba era que fuese más intencional en tomar responsabilidades. Le hice saber que sería mucho más útil si pudiera hallar problemas que necesitaran ser resueltos. Yo precisaba que él usara su margen adicional para añadir valor a lo que estábamos intentando llevar a cabo. Parte de su trabajo consistía en encontrar, dentro de su ámbito de responsabilidad, formas de hacer mejor lo que intentábamos realizar. Ese era *su* trabajo, no el mío.

Cuando esperas a que tu jefe te diga lo que tienes que hacer, él tiene que pensar en cómo hacer su trabajo y el tuyo. Si siempre estás aguardando a que se te encomiende más responsabilidad o una nueva oportunidad, es probable que te conviertas en alguien a quien no se le puede encargar nada de importancia. En nuestro equipo, las personas en las que más confío son aquellas que se ocupan de más cosas y que toman la iniciativa de buscar y resolver problemas que yo ni siquiera he detectado todavía. Por tanto, si no estás ocupado, ¡ocúpate! La postura de espera no gana a largo plazo. Si no sabes por dónde empezar, mira a tu alrededor. Siempre existen responsabilidades, proyectos, procesos, productos o incluso personas en torno a ti que están infrautilizadas, y aquellos que te rodean ni siquiera se percatan de ello.

LAS ACCIONES QUE SIEMPRE PUEDES EMPRENDER

Hace dos años, mi vida cambió de forma radical. No estoy seguro de por qué tardó tanto, pero por alguna razón no fue hasta cumplir los treinta y cuatro cuando por fin caí en la cuenta. Acabé decidiendo que nadie más podría solucionar o arruinar mi vida. Eso es cosa mía. Reconozco que me encontraba en mitad de una transición muy sustancial de trabajo, pero el cambio se produjo porque decidí dejar de defender y empezar a jugar al ataque. Toda persona está en un lado o en el otro. Están los que deciden qué clase de persona quieren ser y los que sencillamente responden a lo que la vida les está dando.

Tal vez tenemos toda la intención de estar en el primer grupo, pero esto requiere más que un mero propósito. Decidí que para ser el líder que yo quería ser tenía que dejar de responder a la vida y, en su lugar, salir al frente desarrollando *mejores hábitos diarios*. Decidí levantarme más temprano, volverme más coherente y hacer aquello que yo valoraba más, y dedicar más tiempo a preparar el día que tenía por delante. Me convencí de que no tenía que estar al mando para hacerme cargo.

Cuando no estoy a cargo, me siento como si no tuviera control y me viera obligado a ser reactivo.

La reactividad perpetúa la pasividad.

La pasividad provoca que me sienta atascado.

Si te sientes atascado en tu trabajo, no tienes que quedarte así. En lugar de quedar atrapado en el ciclo de la pasividad, quiero darte una guía básica para que resucites tu proactividad. Existen costumbres que se pueden cultivar para ayudarte a rechazar la pasividad: escoger, planificar y responder. Y son más que una ayuda práctica de tres letras para recordar. Si realizas este EPR, puedes hacer que tus aptitudes para el liderazgo cobren nueva vida.

Escoger

Salir del círculo de pasividad requerirá cierta iniciativa. Sencillamente necesitas escoger algo —cualquier cosa—, encontrarlo y hacerlo tuyo.

Cuando había cumplido poco más de veinte años, me encontraba en un periodo en el que iba de un periodo de prácticas a otro, incluidos algunos cuartuchos que limpiar. Ahora me doy cuenta de que, en realidad, en cada iglesia u organización, o incluso en una casa, existe *ese* cuarto pequeño que acumula toda la basura. Cuando no sabes qué hacer con algo, te limitas a meterlo allí. En la mayoría de las organizaciones hay un día al año, que casualmente coincide con el momento en que los becarios empiezan a trabajar, cuando el cuarto tiene que limpiarse.

Ahora que estoy del otro lado de la ecuación de la limpieza del cuarto, me encanta ver a los becarios que escogen limpiarlo antes de que se les pida. Toda organización tiene cuartos así. *Representan aquello que tiene que hacerse, pero que nadie quiere hacer.* Hay proyectos, problemas y procesos que se descuidan. Tal vez funcionaron una vez, pero, con el tiempo, se olvidaron y quedaron en el olvido. Durante un periodo de crisis, se soltaron algunas cosas que no se volvieron a retomar jamás. Con frecuencia, son cosas relativas a la planificación a largo plazo, las prácticas y las costumbres que hacen que una organización permanezca sana a la larga. Pero limpiar y desempolvar requiere esfuerzo.

Creo que una forma natural de rechazar la pasividad consiste en centrarse en ese cuarto. Elige uno que limpiar. Encuentra algo que nadie más quiera hacer, y ocúpate de ello. Descubre eso que siempre se saca a colación en las reuniones, pero por lo que nadie hace nada, y halla una solución para ello, ¡o escoge hacerte con ello como haría un gran líder!

No contemplé este tipo de cosas como oportunidades hasta que empecé a ascender en el liderazgo, y me aparté de la primera línea del ministerio. Pero la verdad es que cuanto más cerca estás de la acción, más perspectiva tienes sobre lo que necesita cambiar en ese micronivel. Es probable que tengas un conocimiento más profundo que tu jefe respecto a los cambios necesarios para los procesos del día a día que conforman tu trabajo y el de tus compañeros. Estás más cerca. El director de Waffle House no va a saber cómo hacer que un *waffle* sepa mejor; sin embargo, el cocinero de dicho lugar sí. Cuando hablo con becarios o con miembros del equipo de principiantes, que sienten que no pueden marcar una diferencia, me aturdo, y les explico que están perfectamente posicionados para poder ver lo que más necesita cambiar. De hecho, nadie está en mejor posición para ver qué es lo que no funciona. Por tanto, busca algo que necesite cambiar, escoge adueñarte de ello, y sugiere un plan realista para resolverlo.

Una de las personas de nuestra organización a quien mejor se le da esto es Robby Angle. Mientras yo estaba en Browns Bridge Church (parte de los Ministerios de North Point), contratamos a Robby como director de grupos intermedios. No es un título muy sexi, pero es una función crucial para nuestro ministerio entre los estudiantes de grado de la escuela de enseñanza media. La descripción del trabajo para esa función es doble. En primer lugar, necesita asegurar que los líderes de pequeños grupos de voluntarios adultos tienen todo lo que necesitan para dirigir a los estudiantes a descubrir una fe propia. En segundo lugar, es necesario eliminar cualquier obstáculo de su camino. Robby tiene una licenciatura de negocios por la Universidad de Florida, y una maestría en consejería del Appalachian State. Ha dirigido, asimismo, los esfuerzos para paliar los efectos de un terremoto en todo un país del sureste asiático. Sobra decir que, transcurridos diez meses, se sentía aburrido de su papel, ¡porque lo estaba aplastando!

Sin embargo, esto es lo que me encanta. En lugar de frustrarse por lo que no podía llevar a cabo, debido al nivel de su función,

Robby empezó a mirar a su alrededor para hallar formas de hacer las cosas mejor. Es lo que hacen los grandes líderes. Tras haber dedicado unos cuantos años, después de la universidad, a asesorar a los adolescentes, ya estaba convencido de que la mejor forma de ayudar a un estudiante es involucrar a su padre. De modo que después de haber dominado de forma competente los asuntos básicos esenciales de su función, preguntó si sería un problema para alguien del equipo que él tocara un poco algunas formas que ayudaran a facilitar unas mejores relaciones entre padres e hijos. No había que ser un genio para hacer semejante propuesta, pero estaba bien pensada, cuidadosamente orquestada y nuestro modelo de pequeño grupo ya existente podía manejarlo.

Robby creó un acontecimiento para que los padres bendigan a sus hijos antes de que entren a la escuela superior. Denominó el evento «cerdo asado», porque ¿a quién no le parecería bien que un puñado de padres y sus hijos asen un cerdo en un campo abierto? Después que se consumieran enormes cantidades de cerdo, todos se dirigieron a los pequeños grupos en los que habían estado implicados durante los tres años anteriores. Cada padre había recibido instrucciones de escribir una carta de una página a su hijo, en la que explicara en detalle por qué se sentía orgulloso de él. Como puedes imaginar, tras la lectura de dichas cartas, no quedó un ojo seco. Este acontecimiento se ha implementado ahora en todos nuestros campus, y se considera como un hito clave para nuestros estudiantes.

Y todo ocurrió, porque un tipo decidió dirigir cuando no estaba al mando, mediante la elección de tomar la iniciativa. Si puedes hallar maneras de añadir valor en los ámbitos que otros procuran evitar, descubrirás que hay más en tu plato de lo que podrías pedir jamás. ¿Qué no está recibiendo la energía o el enfoque que necesita? ¿Qué cosas surgen continuamente en las reuniones sin convertirse jamás en la lista de cosas pendientes de alguien de tu equipo? ¿Qué cosas de las que otros han dejado a un lado puedes retomar?

Decide ser alguien que no teme a asumir y escoge hacerse con algo que otros procuran evitar. Este el primer paso para rechazar la pasividad. Toma una decisión.

Planificar

Otro antídoto contra la pasividad es desarrollar el margen para planificar. El torbellino de tu calendario tiene, probablemente, una forma de forzarte a la sumisión; sin embargo, estén a cargo o no, los grandes líderes dejan lugar para la planificación. En lugar de reaccionar a tu calendario, crea un margen para adelantarte. Mencioné con anterioridad que la falta de tiempo para planear y prepararse para las reuniones es un problema común para mí. Cuando eso ocurre, recurro al plan más fácil y que menos resistencia provoca. Y no tener plan es un plan en y de por sí. Cuando vives de reunión en reunión, estás siendo reactivo en lugar de proactivo.

A continuación verás cómo te ayudará la planificación a contrarrestar la pasividad en tu liderazgo. *La idea mejor planificada suele ganar la reunión.* Piensa en las últimas reuniones que has mantenido, en donde tuviste que tomar una decisión sobre algo. Cuando el tema de la reunión se envía con antelación, suele haber una o dos personas que han hecho un poco los deberes, han investigado y han planeado determinar lo que van a compartir. He observado que la idea madurada con mayor minuciosidad es, con frecuencia, el plato elegido para el menú. No significa que sea la mejor, pero es la que ha llegado más lejos. Sin embargo, llegar a una reunión preparado requiere un poco de planificación.

En diciembre pasado tuve la oportunidad de asistir a un entrenamiento de fútbol de la Universidad de Alabama, cuando se preparaban para la Ronda Eliminatoria del Fútbol Universitario. Jenny y yo necesitamos alguna explicación para entender por qué deberíamos dedicar tiempo a hacer esto, pero la convencí de que cada vez que tengo la oportunidad de ver uno de sus mejores entrenamientos, tengo que aprovecharla. Mientras estuvimos allí, conocí a Jeff Allen, el preparador físico jefe del equipo. Jeff tiene la desalentadora tarea de asistir a las reuniones de personal con Nick Saban, y tiene que presentar un informe de los jugadores lesionados.

Tras un poco de conversación informal, le pregunté a Jeff:

—Cuando un nuevo miembro del personal entra en nuestro equipo, ¿cuál le dice que es la clave para trabajar para el entrenador Saban?

Sin el más mínimo titubeo, Jeff respondió:

—Tengo un plan. Si un jugador tiene una lesión, no te limites a hablarle de ello al entrenador Saban. Tienes que estar preparado para proponer un plan sobre lo que estás haciendo para rehabilitar al jugador. —A continuación se lanzó a una explicación hipotética—: Si un jugador tiene lesionado el ligamento de la corva, no puedo decirle sencillamente: "Sí, entrenador. Jalen tiene una tendinitis. Seguimos intentando resolverlo". En su lugar, lo que necesito indicar es: "Entrenador, Jalen tiene una lesión de ligamento, y tenemos a estos dos doctores que nos den su opinión respecto a la gravedad del asunto. Y este es el plan que estamos llevando adelante para su recuperación".

Esta es una idea clave que debes recordar para tu propio trabajo: *no te presentes nunca ante tu jefe solo con un problema.* Lleva siempre un plan para la solución. Pero recuerda: se requiere planificar para que se te ocurra un plan. ¿Por qué parte de tu calendario puedes empezar a hacer sitio para planear? No conozco el programa semanal de Jeff, pero es evidente que ha hallado una forma de crear margen en su calendario para la planificación. Planear es algo que requiere tiempo, pensamiento y espacio mental para ser capaz de pensar detenidamente en las soluciones. En mi calendario, he descubierto que el único momento para hacerlo es temprano por la mañana. La mayoría de los días laborales, tenga algo planeado o no, me levanto temprano y compruebo en mi lista lo más importante para ese día, esa semana y los próximos noventa días. Estoy en mi mejor forma cuando planifico bien en los márgenes de mi calendario. Y deberías sacar tiempo para planear en los márgenes del tuyo.

Responder

Muchas personas que tienen la ambición de ser entrenador deportivo desean ser el entrenador principal. La mayoría no pone la mira en ser un ayudante toda su vida. Sin embargo, casi todos los grandes entrenadores jefes fueron grandes ayudantes de entrenador. Los últimos entrenadores que ganaron el Super Bowl pasaron una buena porción de su carrera como ayudantes. Bill Belichick fue ayudante durante sus doce años con los New York Giants, en especial bajo Bill Parcels. Antes de que Gary Kubiak ganara el Super Bowl con los Denver Broncos, inició su carrera como ayudante en los San Francisco 49ers, y ganó un Super Bowl como entrenador de mariscales de campo en 1994. Pete Carroll fue ayudante durante casi veinte años, antes de asumir la función de entrenador jefe. Ser un buen ayudante es clave para aprender a ser un entrenador jefe.

Para ser un gran ayudante de entrenador, tienes que ser capaz de anticiparte y responder a lo que es importante para el entrenador jefe. El ayudante de entrenador tiene que ir un paso por delante durante el entrenamiento, y tener preparado el siguiente ejercicio para mantener el flujo del entrenamiento. Los líderes que procuran resistirse a la pasividad de no estar en control necesitan hacer lo mismo. En lugar de responder tan solo a lo que viene a continuación en su calendario, los líderes responden a lo que es más importante para el jefe, y actúan en consonancia. Para poder anticiparte y responder a la dirección hacia la que va el jefe, tú y yo debemos saber qué es lo más importante para esa persona con quien trabajas. A continuación, unas cuantas preguntas que pueden ayudarte si estás atascado ahora mismo en la pasividad:

- ¿Qué ha establecido mi jefe como mayor «logro» para nuestro equipo?
- Si tu jefe pudiera agitar una varita mágica y que algo se realizara, ¿qué sería?
- ¿Qué es lo que más preocupa a tu jefe? ¿Qué le produce estrés? ¿Cómo puedes aliviarlo?
- ¿Cuál es el problema que se debate con frecuencia en tu equipo? ¿Puedes tomar alguna medida para resolverlo hoy mismo?

Al buen entendedor, pocas palabras bastan: asegúrate de formularte tú mismo estas preguntas antes de hacérselas a tu jefe.

A medida que te entrenas para *escoger* aquello que no se está haciendo, *planear* tiempo para una planificación futura en los márgenes de tu calendario, y después *responder* a lo que sea más urgente para tu jefe, tendrás un plan de juego que puede funcionar. Este es el EPR para resucitar la proactividad que derrota a la pasividad.

UNA PÉRDIDA DE TIEMPO

Al estar bajo la autoridad de otra persona uno siente a menudo como si esperara. Pero no permitas que eso se convierta en pasividad. Sal de la rutina de la pasividad. Piensa de un modo distinto. Si estás en un periodo de espera, ¿qué puedes aprender ahora que solo puedas asimilar desde el asiento que ocupas en la actualidad? ¿Dónde puedes cultivar influencia con aquellos que te rodean, para aprender cómo servirles mejor? ¿Qué nueva aptitud puedes aprender que solo pudieras asimilar mientras estás en la posición en la que te encuentras? ¿Qué se interpone en el camino para que tu equipo no rinda más? ¿Qué puedes hacer para eliminar ese obstáculo?

Cuando Moisés estaba en casa de Faraón, no fue una pérdida de tiempo. Se estaba familiarizando con aquello que marcaba a quienes habitaban la casa de Faraón, estaba sentando las bases para tener influencia con sus hermanos y hermanas hebreos, y acabaría usando todo esto para liberar al pueblo de Dios.

Cuando José estaba en casa de Potifar y en prisión, aquellos días no fueron una pérdida de tiempo. Estaba aprendiendo a resolver problemas de unas maneras que usaría en un contexto incluso mayor bajo Faraón. Estaba cultivando su influencia con quienes lo rodeaban, aquellos a los que acabaría liderando.

Cuando David estaba bajo el liderazgo de Saúl, tampoco fue una pérdida de tiempo. Estaba aprendiendo a crear un oasis de excelencia con los militares que tenía a su cargo. Estaba estableciendo relaciones con aquellos que lo rodeaban, no solo para estar al mando de ellos, sino para aprender cómo liderarlos bien.

Mi buen amigo Tim Cooper pronuncia una frase que me viene a la mente constantemente: «Nunca encontrarás en tu pasividad aquello que no persigas activamente». No vas a tropezarte con el liderazgo de repente ni a esperar a abrirte camino hacia él. No permitas que el sentimiento de tener poco control te derrote. Halla una forma de empezar mediante el escogimiento, la planificación y la respuesta para rechazar la pasividad. ¡Haz buen uso del tiempo que Dios te ha dado, porque lo que estás haciendo ahora importa enormemente!

> Nunca encontrarás pasivamente aquello que no busques de forma activa.
>
> TIM COOPER

PARTE 3

Desafiar la
autoridad

CAPÍTULO 8

ACEPTAR
EL RETO

«¿Has hecho tus cosas?».

Era una pregunta que mis padres me hacían cada día cuando yo era niño, y la odiaba. Se le ocurrió a mi padre. Él tenía unas firmes creencias respecto al valor del estudio. Cada noche, de domingo a jueves, tuviéramos deberes o no, cada uno de nosotros teníamos que sentarnos tras el escritorio de nuestro respectivo dormitorio y dedicar una buena hora a estudiar, leer o hacer deberes. Cuando miro ahora en retrospectiva, esto me impresiona como una de esas ideas que los padres emplean en un momento de frustración, pero rara vez continúan con ellas. No fue el caso de mi padre. Estaba comprometido con ello. Cada noche, y quiero decir exactamente *cada* noche, con deberes o no, nos sentábamos detrás de nuestro escritorio durante una buena hora.

Aunque cada uno de nosotros teníamos nuestro propio cuarto, nuestra casa no era grande. Mi habitación era adyacente a la de mi hermana menor, y la pared que compartíamos se convirtió en un instrumento para nosotros para practicar nuestra propia variación del código Morse. Tras años de perfeccionar nuestro lenguaje de golpecitos, decidimos que ya era suficiente. Necesitábamos un mejor sistema de comunicación. De modo que hicimos lo que habría hecho cualquier adolescente prepúber en aquella situación. Como Andy Dufresne en *The Shawshank Redemption*, usamos nuestras herramientas primitivas: bolígrafos, reglas y tijeras para hacer un agujero del tamaño de un puño que traspasara el panel de yeso, y conectara mi dormitorio con el de mi hermana de forma eficaz. Fue brillante. La ventanilla del banco tenía un sistema similar, de modo que estábamos convencidos de que esta remodelación de la pared le añadía valor a nuestra casa. En silencio, en secreto y al unísono, escarbamos aquel boquete.

Desafortunadamente no fuimos capaces de mantenerlo en secreto, y los sonidos de nuestro proyecto de construcción no autorizado alertaron a mi padre. No le entusiasmó tanto nuestra mejora de la pared. Lo he visto furioso de vez en cuando, pero no recuerdo haberlo visto nunca tan acalorado. En mi mente, aquello me parecía un asunto muy insignificante. Sin embargo, él estaba furioso.

Ahora que yo mismo soy propietario de una casa y he experimentado la frustración cuando mis hijos estropean la propiedad de la que soy responsable, entiendo su estado emocional. Pero en aquel momento, su enojo me desconcertó. ¿Qué era lo que él no entendía? ¿Cómo no se daba cuenta de que aquello mejoraba nuestra casa y la hacía más eficiente? Básicamente acabábamos de demostrarle nuestra genialidad y nuestra valía. En mi mente, yo estaba haciendo que nuestra casa fuera mejor. Había encontrado un problema y se me había ocurrido la solución para resolverlo y mejorarla. Por supuesto, yo no tenía concepto alguno de ventilación, sistemas de climatización ni cables eléctricos y, desde luego, no tenía conocimiento alguno sobre «el daño a la propiedad». Solo vi una oportunidad, un ámbito que necesitaba mejora e hice lo necesario para hacer que sucediera.

RETADO A RETAR

El instinto de hacer lo que tiene que hacerse es un aspecto básico del liderazgo. Aunque la forma en que yo emprendí los cambios que me parecieron precisos no fue la mejor (suele ser mejor pedir permiso si no eres el propietario), aquel deseo no era algo malo. Los líderes ven los problemas. Ven las cosas que no funcionan. Y se les ocurren soluciones.

Los líderes abren camino cuando los demás no encuentran uno. Los líderes consideran lo que es, ven lo que podría ser y organizan a los demás para que se dirijan hacia el futuro preferido. Los líderes no son demagogos, sino que retarán el *statu quo*. No están de acuerdo con «así es como lo hemos hecho siempre». Se niegan a aceptar la mediocridad. Los líderes no se conforman con sentarse en la línea de banda, y gestionar un sistema que está rindiendo sólidos resultados, cuando existen cambios potenciales cargados de mejores resultados. Digo esto, porque si estás perplejo o desconcertado por el acomodo de tu jefe a la forma en que van las cosas, quiero que sepas que no ocurre nada malo contigo. Tienes los instintos de un líder. Tal vez estés sintiendo el peso de lo que Dios ha puesto en ti, el deseo de efectuar un cambio y mejorar lo que no está funcionando.

El liderazgo puede sentirse como una carga. Estoy seguro de que has tenido momentos en los que preferirías no sentir la presión de lo que podría ser, cuando desearías poder apagar el impulso de más, mejor, más rápido o más fuerte. Pero cuando está dentro de ti, ahí está. Y, de no estar dentro de ti, es probable que no estuvieras leyendo este libro.

Sin reto, no cambiamos.

Desconozco los detalles de tu situación, pero sé que algo en tu iglesia o en tu organización necesita cambiar. Quizás Dios haya puesto ese deseo en ti, y te haya colocado en tu empresa porque necesite ese cambio. Sin embargo, para ver que ese cambio se produce, tendrás que retar y tendrás que hacerlo bien.

Como lo expresan los autores de *El desafío del liderazgo*, «Los líderes deben ser agentes del cambio».[1] Es motivar, liberar, confirmar y retar, todo al mismo tiempo. Pero saber esto no significa que sea más fácil determinar cómo hacerlo en tu organización. Por tanto, este capítulo trata sobre cómo se hace esto. Muestra la responsabilidad que tiene el líder de retar bien.

LIBERTAD DE ACCIÓN

A menos que seas un fan de los Milwaukee Brewers o de los Cleveland Indians, es probable que te perdieras esta historia. En agosto del 2016, Jonathan Lucroy, el cácher estrella de los Brewers se negó a ser vendido a los Indians. Se acabó. Esta es la historia: se negó a ser vendido. Lucroy dijo: «Cuando estás tratando con decisiones como estas, que cambian la vida, que la alteran, muchos son los factores que entran en juego, sobre todo la familia. La otra mitad de esto es tu futuro en esta liga y en tu carrera. Hay muchas cosas distintas que asumir. Cuando todas ellas no se alinean, hay que tomar decisiones que podrían ser duras, pero así es como debe ser».[2] Su decisión no fue demasiado popular entre los fans del béisbol.

Lucroy sopesó los pros y los contras de ser vendido por los Brewers y, al final, tomó la mejor decisión para su familia. Ahora bien, esa es una declaración bastante admirable respecto a la familia, pero también es un recordatorio de que establecer tus prioridades en una decisión podría no ser popular.

Lo que Lucroy les hizo a los Brewers me recuerda lo que Maura le hizo a George Costanza en el episodio de *Seinfeld* titulado «The Strongbox [La caja fuerte]».[3] George estaba empeñado en romper con su novia, Maura, pero ella sencillamente no lo iba a aceptar.

> **George:** Maura, yo, eeeh, quiero que sepas... he... he reflexionado mucho en esto. Lo siento, pero... nosotros, eeeh, tenemos que romper.
>
> **Maura:** No.
>
> **George:** ¿Qué dices?

Maura: No vamos a romper.

George: ¿No... no?

Maura: No.

George: (Hace una pausa. Mira su café.) Está bien.

¿Cómo no amar a George Costanza?

Volvamos a Jonathan Lucroy, porque su historia encierra mucho más de lo que he compartido. Quiero que escuches el resto. Y es que la historia real no es la decisión que Lucroy tomó en 2016, sino la que subyace a esa. Es la historia de un hombre llamado Curt Flood.

Curtis Charles Flood nació en Houston, el 18 de enero de 1938, pero se crió en Oakland, California. Vivió el sueño de muchos niños pequeños, jugó al béisbol profesional durante quince años. Jugó para los St. Luis Cardinals en la década de los sesenta, hizo tres equipos de primeras figuras, ganó el Guante de Oro por posesión de balón durante siete años consecutivos y bateó más de .300 durante siete temporadas. En 1964 incluso dirigió la Liga Nacional en jits (211).

Luego, en 1969, los St. Louis Cardinals incluyeron a Flood en una venta de siete jugadores a los Philadelphia Phillies. Pero Curt Flood respondió: «No, gracias». Flood opinó que no debería ser tratado como una mercancía, de modo que se negó. Al hacerlo, se convirtió en una de las figuras más polémicas del deporte. Su rechazo creó un infierno legal. El caso acabó llevándose ante la Corte Suprema de EE. UU. y provocó un terremoto que sacudió el béisbol profesional hasta la médula. La valiente negativa de Flood a mudarse retó el *statu quo* y creó lo que hoy se conoce como libertad de acción.

Por esta razón fue tan polémica la decisión de Flood. En la época de la negativa de Flood a ser vendido, los equipos poseían los derechos sobre los jugadores, y estos tenían obligaciones para con el equipo de por vida, aunque hubieran cumplido con sus obligaciones contractuales. Flood equiparó esta propiedad y la falta de libertad a la esclavitud, y declaró: «No me siento un pedazo de propiedad que se pueda comprar y vender sin tener en cuenta mis deseos. Creo que cualquier sistema que produce ese resultado viola mis derechos básicos como ciudadano, y es incoherente con las leyes de Estados Unidos».[4] Flood se aferró a sus profundas creencias y sus firmes convicciones, aun cuando le resultó costoso. No jugó en toda la temporada de 1970. Recibió cartas de odio, amenazas de muerte, pleitos, el IRS le embargó la casa de su madre, y vio cómo su negocio, Curt Flood Associates, entraba en bancarrota. Sin embargo, cuatro años después de la negativa de Flood, los tribunales fallaron a favor de los jugadores, y este caso se convirtió en la pieza clave para asegurar los derechos de los jugadores, y condujo al inicio del sistema de la libertad de acción.

Retar el *statu quo* no es un camino de rosas. Aunque unas cuantas personas han experimentado la cantidad de resistencia que Curt Flood aguantó, muchos han sentido los daños colaterales de retar a su jefe en cosas que necesitaban ser cambiadas. Y sabemos que existe un abismo entre ver un cambio que necesita realizarse y tener la inteligencia emocional para hacerlo de un modo que no se limite a tu carrera. Incluso un líder seguro y saludable puede volverse en contra tuya y responder a la defensiva cuando se siente amenazado por un reto. Tu forma de gestionar este delicado asunto importa. ¿Por qué es, pues, tan difícil de retar bien a los demás? Veo tres razones relevantes.

El reto produce cambio, y el cambio es inherentemente retador

En *El desafío del liderazgo*, Kouzes y Posner escriben: «Los líderes deben retar el proceso, precisamente porque cualquier sistema conspirará de forma inconsciente para mantener el *statu quo* e impedir el cambio».[5] Cualquier reto al sistema o proceso actual requerirá un cambio, y el *statu quo* se resiste a este. De hecho, los sistemas saludables suelen construirse con esto en mente, y son predecibles en medio de las circunstancias caóticas. Y muchos sistemas pueden llegar a ser bastante buenos en aguantar los retos sin cambiar. Hasta he observado esto sobre mí mismo: cuanto mayor me hago, más me resisto al cambio.

Una de las razones por las que esto es verdad es que me gusta realmente la forma en que veo el mundo. Mi amigo Rodney es uno de los pastores de nuestra iglesia, y piensa que todos nosotros somos adictos a la forma en que vemos el mundo. Creo que tiene razón. Es como si estuviéramos intoxicados por nuestra forma de pensar, de actuar, de procesar. A todos nos atraen las opiniones que justifican nuestra forma de ver la vida y nos resistimos a las opiniones que están en desacuerdo con la forma en que percibimos las cosas. Por esta razón, las personas están comprometidas con la CNN y se oponen a Fox News... o a la inversa. Oír opiniones que difieren de mi forma de ver las cosas es como un rechazo, y por eso me resisto al cambio. Escuchar que necesito cambiar es una forma de rechazo. Me estás diciendo que hay algo respecto a mí que no está bien. Que es necesario que me deshaga de ello. Y eso no me gusta.

Hubo un tiempo en mi vida en que el cambio era la norma. Apenas me di cuenta de ello y tampoco pensé al respecto. También fue un tiempo en mi vida en que no tenía gran cosa a mi nombre. Durante mis años universitarios, seguía conduciendo aquel Volvo 240 DL blanco que tenía veinte años y que habría comprado en la escuela superior. Era un tanque. Cuando dejé la universidad y me dirigía hacia la escuela de graduados, pude meter literalmente todo lo que poseía dentro de aquel Volvo —una colección de ropa, libros y CDs—, ¿te acuerdas de ese modelo de auto? No tenía cama, así que compré una de segunda mano cuando llegué al seminario de Dallas. Ahora, a mis treinta y cinco años, vivo en una calle sin salida, poseo una *minivan*, y mi posesión más preciada son las sábanas Charter Club de 500 hilos de nuestra cama tamaño *kingsize*. Sé que algunos de ustedes estarán pensando que me he vuelto muy blando con la edad. Bueno, tienes razón. Así es. Y por ello tengo mis sábanas.

Saco todo esto a colación porque merece la pena que lo guardes en el fondo de tu mente. Retar a alguien resulta amenazante, porque reclama un cambio. E, independientemente de quien seas, el cambio no es fácil. Todos nosotros buscamos la senda de la menor resistencia, y cuando la encontramos, nos aferramos a ella como a una caja de Little Debbies. No hay nada de malo en ti, porque quieras retar la forma en que se hacen las cosas. Es bastante normal que un líder sienta este impulso. Sin embargo, tampoco hay nada de malo en tu jefa, tan solo porque parezca alérgica al cambio. Todos nosotros tenemos un imán considerable que tira de nosotros hacia las cosas que siempre se han hecho. No lo olvides. Recientemente, vi una pegatina en un parachoques que decía: «Hay dos cosas que odio: el cambio y como son las cosas». Y era tu jefe quien conducía ese auto.

Cuanto más se relacione tu jefe de forma personal con su trabajo más personalmente se tomará tu reto

Los grandes líderes no se ponen a la defensiva. Pon esto en tu tablón de anuncios. Lamentablemente, todos nosotros nos hemos puesto a la defensiva respecto a aquello a lo que hemos sito retados. Y cuanto más entusiasmado e ilusionado estés en el tema o en la postura sobre los que recae el reto, más te lo tomas de forma personal. Si tú tuvieras que retarme en mi forma de organizar los archivos en mi computadora, yo te contestaría: «¡Ponte a ello, amigo! Ponte cómodo. Siéntete libre de ocupar el asiento del conductor y haz un "Martha Stewart" en mi disco duro». La verdad es que la organización de mi disco duro es algo que no me entusiasma, y por ello no me lo tomo de forma demasiado personal. Es un pequeño lío y a mí me va bien así. En realidad, no me preocupa lo más mínimo.

Sin embargo, si tuvierais que retar mi forma de ser padre o, peor aún, cómo se comportan mis hijos, de inmediato y por instinto escarbaré en mi mente y recordaré donde vi por última vez mis guantes de boxeo. Me tomo muy en serio mi papel de padre. Afortunadamente, mi deseo de aprender y crecer entra en juego y me ayuda a escuchar lo que tienes que decir, pero tu reto me pondría de inmediato a la defensiva. Es natural que cuanto más personalmente nos tomemos algo, más personales seremos con cualquiera que te rete.

> Los grandes líderes no se ponen a la defensiva.

Cualquier cambio en el presente sistema será percibido como una crítica del liderazgo pasado

Uno de los retos cuando se cambia de empleo es observar lo que hace tu sucesor en el puesto que has dejado libre. Si vienen con un bate de béisbol, e intentan golpear todo lo que tú pusiste en marcha, resulta difícil no ofenderse por ello. Cuando cambias algo que yo he puesto en marcha, enseguida me da por pensar: «¿Quién se cree que es? Ya veremos cómo le va, pero dudo mucho que funcione. Espero que *no* funcione». Es asqueroso, lo sé. Es pecaminoso, y le pido a Dios que cambie esto en mi corazón, pero la sinceridad es el primer paso.

Cuando asumí la función de pastor del campus en la Iglesia de Browns Bridge, no sabía lo que estaba haciendo. Y no es falsa modestia. Es tan solo la sincera verdad. Había desempeñado el trabajo de pastor juvenil durante los cinco años anteriores y, antes de eso, había asistido a la escuela durante los últimos veinte años.

Tenía muchísimo conocimiento sobre la Biblia y un montón de teorías sobre la dedicación al ministerio, pero contaba con muy poca experiencia práctica. Realicé el oficio de pastor del campus durante casi cuatro años antes de volver a North Point, al campus original, para ocupar un puesto similar allí.

Más o menos un año después de mi ejercicio como pastor de campus en North Point ocurrió algo extraño. Por las relevantes transiciones producidas en la Iglesia de Browns Bridge, a lo largo de los años, Andy Stanley —mi jefe— decidió asumir la función de pastor de campus. Era el mismo cargo que yo había tenido durante los pasados cuatro años. Ahora mi jefe estaba desempeñando, de repente, mi anterior trabajo. Y estaba introduciendo muchos cambios. Por supuesto, yo observaba cómo efectuaba esos cambios, y cuestioné todo lo que yo había hecho allí. *Vaya, ¿es esto lo que yo debería haber estado haciendo?*, pensé. Con cada movimiento que él hizo, yo me sentí más y más inseguro como líder. Yo me tomaba cada cambio como una crítica indirecta a la forma en que yo había estado liderando. A través de mucho procesamiento y diálogo interno llegué a la conclusión de que todo líder hace lo que le parece correcto en el momento. Por fácil que me resultara interpretar sus cambios como críticas, no podía permitir que estos fueran una condenación de lo que yo había efectuado.

Si me sentía indirectamente criticado por sus cambios, imagino que los demás líderes para quienes he trabajado podrían haber sentido lo mismo al ver los cambios que yo hice. Cuando un líder se está sintiendo criticado por el cambio, no significa que se deje llevar tan solo por la inseguridad. Solo tienes que saber y asumir que la mayoría de los líderes luchan con la sensación de la crítica indirecta suscitada por el cambio. Ponte en ese lugar. ¿No percibirías los cambios efectuados en un sistema que tú has puesto en marcha y dirigido durante años como una crítica a tu liderazgo pasado? Cuando tú retas lo que *es*, otros lo perciben como una crítica de lo que *era*.

Esto no significa que no debieras retar, sino que es necesario que entiendas cómo podría uno sentirse al ser retado, y que tienes que asegurarte de comunicar teniendo esto en mente.

Sabemos que «retar» y suscitar preguntas sobre el *statu quo* resulta difícil, pero esto no cambia el hecho de que tuvieras que hacerlo cuando fuera preciso. Pero puede cambiar tu forma de hacerlo. Puede informar tu coordinación del tiempo, la forma en que planteas el tema y presentas tu desafío y el tono de tu voz al comunicarte. No subestimes el poder de sensibilización; es la primera ayuda para la ignorancia. Recuerda lo que G. I. Joe nos enseñó en los años ochenta: «Ahora saben. Y saber es la mitad de la batalla».

EL BATIDO DE CHICK-FIL-A

Todos tenemos nuestra kryptonita, aquello que, sin lugar a duda nos identifica. Para mí, es el batido. Mi favorito es el de Ivanhoes en Upland, Indiana. Como afirmó el célebre B.I.G.: «Si no sabes, ahora sabes». Upland está en medio de ninguna parte, pero si alguna vez andas cerca de allí, merece la pena detenerse en Ivanhoes. Para mí, lo mejor y ligeramente más accesible a la mayoría de las personas son las galletas y el batido de nata de Chick-fil-A. Como clérigo y residente en el área metropolitana de Atlanta, he prestado juramento de amar Chick-fil-A hasta que muera. Pero no lo hago como una obligación. Es un honor y un gozo para mí. Realmente me encanta todo lo de Chick-fil-A. Nuestra iglesia es mejor en muchos sentidos, sencillamente por nuestra proximidad a la sede principal de una de las organizaciones con mayor vocación de servicio, más generosa y exitosa del planeta Tierra.

El producto estrella de lunes a sábado de este restaurante de servicio rápido es el sándwich de pollo Chick-fil-A, pero su batido es uno de los mejores que puedas hallar. En 2008, justo dos años después de su inauguración, el batido fue el producto más valorado de su menú. ¿Pero sabías que este batido casi no sale al mercado? Es de locos, ya lo sé. La historia de cómo surgió es un fantástico caso de estudio sobre el poder de aprender cómo «retar».

Shane Todd fue el pionero del batido Chick-fil-A. Un producto tan relevante y exitoso como este no podría acreditarse jamás a una sola persona. Pero si le preguntaras a la mayoría de las personas en torno a Chick-fil-A, te contestarían de buen grado que es cosa de Shane, como impulsor clave para la innovación y la evolución del batido. Shane es propietario y director de la franquicia en Athens, Georgia. Si no estás familiarizado con el modelo de franquicia Chick-fil-A, te daré una idea rápida. Chick-fil-A usa un modelo de franquicia inusual, atípico, de restaurantes de comida rápida, donde la organización corporativa mantiene la propiedad de la tienda. La implicación corporativa directa existente conduce a una tensión saludable para alguien como Shane. Es, a la vez, un empleado de Chick-fil-A y tiene una mentalidad de propiedad de su propia tienda local. Como líder, Shane es emprendedor, resuelto e innovador. No se conforma solo con dirigir un restaurante local, sino que busca constantemente nuevas ideas y mercados que introducir en su local de Chick-fil-A.

Mucho antes de que se lanzara el batido a nivel nacional, en la primavera del 2006, los clientes ya estaban pidiendo otra opción de postre. La propia tienda de Shane recibía múltiples peticiones de batidos. El pensamiento común en la oficina central de Chick-fil-A fue que les llevaría mucho tiempo proveer un producto de calidad sin bajar la buena calidad, el servicio rápido que la tienda estaba comprometida a proporcionar. Según Woody Faulk, vicepresidente de la estrategia de menú en aquella época, el proyecto del batido se había debatido en los círculos de las oficinas centrales. Las cosas se encontraban en punto muerto.

A pesar de algunas señales de alarma por parte del equipo de desarrollo de producto, Shane empezó a probar un batido en su local, en secreto. Estaba decidido a demostrarle a Woody Faulk, y a los demás, que era una oferta que podían hacer para mejorar la satisfacción del cliente, y que se realizaba con rapidez. Así fue como comenzó el experimento del gran batido en su tienda de Athens, Georgia. Shane y su equipo compraron personalmente los ingredientes necesarios para transformar el helado, que Chick-fil-A ya estaba sirviendo, en un batido de calidad que gustara a los clientes. Después de darle algunos retoques al producto y entrenar a sus empleados para que supieran prepararlo, el equipo de Athens descubrió la manera creativa de servir un batido de delicioso sabor a la vez que se mantenía un tiempo breve para servir las comandas. Con muy poco *marketing*, empezó a correrse la voz sobre el batido por todo Athens. En pocos meses, la tienda de Shane vendía centenares de batidos cada día. Habían evitado hacer saltar importantes alarmas en las oficinas corporativas, y la tienda de Athens había creado una necesidad incluso mayor del nuevo producto. Quedó claro que los clientes querían batidos. Y el equipo de Shane había demostrado que se podía hacer.

El momento de «tómalo o déjalo» llegó para el equipo de Shane cuando Tim Tassopoulos, vicepresidente principal de operaciones, decidió dejarse caer para ver de qué iba todo aquel jaleo. Tim era quien tomaba las decisiones. Podía decir que sí o que no a su pequeño litigio. Pero Shane estaba preparado para la visita. Como un viejo pistolero saca la pistola a toda velocidad, retó a Tim a servir dos refrescos de cola de dieta más rápido de lo que él haría el batido. Si Shane no lograba prepararlo en el tiempo previsto, la prueba habría acabado. Si lo lograba, Tim accedería a permitir que la venta de batidos prosiguiera. ¿Adivinas quién ganó?

Tuve la oportunidad de hablar tanto con Shane como con Woody sobre esta experiencia, y he resumido unas cuantas lecciones de liderazgo que recogí del intento de Shane de retar a la jerarquía corporativa de Chick-fil-A para que vieran su visión del batido convertirse en una realidad en cada restaurante.

Los grandes líderes retan con los mejores motivos. Shane no estaba innovando por innovar. De hecho, a él no le preocupaba lo más mínimo que le reconocieron el mérito de su invento. Su motivo para querer tener un batido en el menú era más altruista: «En Chick-fil-A nos dedicamos a servir a nuestros clientes. Si alguien quiere un batido, yo estaba determinado a buscar la manera de proporcionarle uno, porque quiero servir a ese cliente».

Los grandes líderes son muy conscientes de aquello que más interesa al jefe. Cuando sea posible, posiciona tu reto como un paso hacia una solución mayor para el macroproblema que tu jefe está intentando resolver. Durante este periodo, hubo una iniciativa masiva del servicio al cliente por parte de Dan Cathy, presidente de Chick-fil-A, respecto a lo que estaban denominando «servicio de la segunda milla». En lugar de posicionar el batido como un producto nuevo, Shane habló de él como la manera de proporcionar un servicio de segunda milla a los clientes.

Los grandes líderes saben lo que es central y lo que es periférico. Y se autocontrolan de la forma adecuada. Shane parecía bien consciente de los límites del desarrollo del nuevo producto para Chick-fil-A. Prologó nuestra conversación con esta declaración: «Si esto fuera una hamburguesa, nunca lo habríamos intentado. Probaríamos con patatas fritas dulces, pero nunca con la hamburguesa. Eso queda muy lejos de nuestra oferta central. Pero al vender ya helado, solo era una derivación de lo que ya les estábamos proporcionando a nuestros clientes».

Los grandes líderes retan en silencio, pero no se quedan callados. Saben cómo, cuándo y con quién comunicarse cuando prueban algo nuevo. Woody Faulk no tardó en elogiar a Shane por su forma de comunicarse respecto al experimento que estaba probando. Si Shane se lo hubiera contado a muchas personas, el piloto se habría apagado. Si Shane se hubiera callado por completo, no habría obtenido el favor de los líderes clave que ayudaron en su proyecto. En palabras de Woody, Shane no se quedó callado, sino que se comunicó como un submarino. Debido a la gran relación que Shane había construido con Woody desde el primer momento, este se convirtió en un defensor y fue capaz de intervenir con algunos de los líderes dentro de la organización que tenían dudas respecto al batido.

Esta es la lección: si nunca has tomado el batido de Chick-fil-A, tienes que probarlo. Y, conforme disfrutes ese delicioso manjar, permíteme recordarte el poder que tienes para retar. Existen paradigmas que pueden cambiar, pero requiere sabiduría, paciencia y la estrategia adecuada. No necesitas autoridad, pero necesitarás influencia. No tienes por qué ser la persona al mando para cambiar el modelo y retar el *statu quo*. Puedes hacerlo desde el sillón que ocupas ahora mismo, pero aún debes aprender a retar *bien*.

UN PUENTE O UN MURO

Ya sea que estés intentando crear un nuevo producto como el batido Chick-fil-A o que solo quieras cambiar un sistema, una idea, un proceso o una tradición, retar requiere un puente de relación lo bastante fuerte como para manejar el peso del reto. Shane tenía el capital relacional para atreverse hacer tal pedido al liderazgo. Antes de proponer el reto, es necesario que evalúes si has contribuido al trabajo de la relación, y si esta puede soportar el peso del reto que quieres formular.

Así es como funciona. Ves algo desconcertante. ¿Por qué diantres hacemos esto? No tiene sentido para ti, y te has preguntado con frecuencia por qué no se ha cambiado o retado. Lo hablas con algunos de tus compañeros. Ideas un plan de juego. Concretas un planteamiento para sacar el tema. Desde tu perspectiva, el cambio tiene todo el sentido. Y supones que tu jefe lo verá también así.

Las palabras que usas cuando comunicas tu idea son ladrillos que construirán un puente de relación para tu idea o un muro de desconfianza. Dado que las palabras importan, aquí tienes unas cuantas declaraciones y frases comunes que deberías evitar probablemente. Es posible que esto requiera cierto autocontrol. Pero piensa en ellas como ladrillos. En lo que estás transmitiendo, ¿estás construyendo ese puente o estás levantando un muro?

Comparar constantemente tu equipo, tu organización o tu iglesia con otro equipo, otra organización u otra iglesia

«Bueno, esta iglesia divide sus programas para la escuela secundaria y la escuela superior».

«Se diría que esta organización siempre está haciendo algo más creativo con sus gráficos que nosotros».

«¿Has visto su página web? Es mucho más fácil navegar en ella que en la nuestra».

Lo más probable es que exista una iglesia u organización que esté haciendo algo mejor que la tuya. Y esto podría incluso ser la fuente de tu deseo de cambiar, crecer y mejorar. No hay nada de malo en ello. En realidad, deberías mantener los ojos abiertos a lo que está sucediendo en la cultura y lo que funciona en otras organizaciones para fomentar el aprendizaje y el crecimiento. Sin embargo, comparar de forma constante tu iglesia a otra es como comparar a tu esposa con una relación anterior. Nunca funciona.

Declarar enfáticamente que lo que estás haciendo ahora no está funcionando

«Nuestros pequeños grupos sencillamente no funcionan. Es básicamente una hora de socialización para todos los implicados».

«Los niños no aprenden nada en nuestros entornos».

¿Existe una forma mejor de hacer lo que estás haciendo ahora? Es posible. ¿Es tu idea de cambio una mejor forma de acercamiento al problema? Puede ser. Sin embargo, las declaraciones definitivas acaban con la conversación. Revelan una falta de pensamiento de empatía que, en última instancia, construirá un muro y no un puente. Cuando alguien es imprudente y usa frases definitivas, revela una carencia de discernimiento y crea distancia en las relaciones. La verdad es que lo que estás haciendo ahora, aunque sea probablemente defectuoso, sigue funcionando a cierto nivel. Existen mejores formas de armar tu caso que de hablar con absoluta certeza sobre lo que está sucediendo en la actualidad. Invalida de inmediato la obra que los demás están realizando y cuestiona tu credibilidad.

Culpar a cualquiera, y en especial a tu jefe, por la situación actual

«Este nuevo sistema de registro para la facturación no se pensó a conciencia. Es como si nadie le hubiera prestado atención».

«Nadie de nuestro equipo siente que puede hablar. Tal vez no deberías formar parte de la reunión».

Cualquier nueva idea retará, por regla natural, el *statu quo*. Cuando suscita esta nueva idea, estarás culpando de manera implícita el *statu quo* y todos sus problemas a todos los que están a cargo en la actualidad. Si añadimos a esto declaraciones adicionales de culpa solo perjudicará la relación y les mostrará que no colaboras y que no eres de fiar. Tal vez no culpes directamente a alguien del motivo por el cual algo no está funcionando, pero sigues queriendo evitar frases que impliquen a tu jefe o que lo lleve a cuestionar si tienes a un individuo particular en mente. Quieres retar con la suficiente inteligencia emocional para evitar culpar a alguien por lo que se está haciendo en la actualidad.

Ofrecer, de forma obstinada, un ultimátum para tu futuro

«Sencillamente desconozco si podré tener éxito en esto si no nos permites hacer este cambio».

«Si no consigo el presupuesto para esto, no estoy seguro de poder llevar a cabo el evento».

Declaraciones como estas pueden ser verdad. Es posible que no puedas sobrevivir en una cultura que no permite el cambio. Tal vez no puedas sobrevivir en una organización que no está dispuesta a pagar por el trabajo o el ministerio que espera de ti. Quizás no seas capaz de mantener a tu equipo motivado cuando el «ellos» está constantemente exprimiendo cada pizca de potencial de cada oportunidad. Sin embargo, los ultimátum rara vez te ayudarán. Acaban socavando tu propio liderazgo. Otros líderes han dirigido en situaciones mucho más estresantes. Han hecho más con menos. Han hecho funcionar aquello que, según tú afirmas, no tendrá éxito. En lugar de usar un ultimátum para efectuar un cambio, convence a tu jefe/a de que ambos están en el mismo equipo, que tú lo/la apoyas. Asegúrate de que tu jefe es consciente de tu perspectiva y exploren juntos cuáles son las implicaciones si la decisión se toma o no. Inclúyelas en el proceso de evaluación, en lugar de presentar elecciones o acciones específicas como conclusiones inevitables si no se emprende una acción inmediata.

MERECE LA PENA CORRER EL RIESGO

Sé que el cambio es una carga para ti. ¡Debería serlo! Y todos sabemos que si no planteas el reto, no habrá cambio. Desafiar a tu líder o a tu jefe es un riesgo. Pero sin riesgo no hay recompensas. Recuerda: según lo bien que retes, así será de grande el cambio.

Crecí con esta cita en la pared de mi dormitorio de niño. La leí un millar de veces, pero solo se volvió personal cuando decidí ser lo bastante valiente para hacer un cambio en mi propia vida. Paul William «Bear» Bryant afirmó: «Si crees en ti mismo y tienes dedicación y orgullo —y no abandonas nunca— serás un ganador. El precio de la victoria es alto, pero también lo son las recompensas».[6]

La victoria no solo es el cambio que se produce porque tú retas y lideras cuando no eres quien está al mando. La victoria también es el crecimiento que tiene lugar cuando entras en este proceso de aprender como líder. Dios me ha hecho crecer más a través del *proceso* de retar a mis jefes que mediante cualquier otra cosa en el trabajo. He orado más, hallado más humildad, desarrollado más valor, y permitido que Dios edificara mi confianza en él, por esos momentos de reto.

Espero que sigas conmigo, porque este es un aspecto sumamente importante de liderar cuando no estás al mando. Nos tomará un capítulo más considerar lo que significa el reto. En el próximo capítulo explicaré los cuatro ingredientes más fundamentales para el arte de hacer esto bien.

CAPÍTULO 9

ROMPER
EL RETO

De vez en cuando preparo una especie de plato de comida y lo publico en las redes. En teoría, estoy en desacuerdo con la práctica de subir fotos de comida. Sinceramente creo que vamos a mirar atrás como sociedad a la insensatez de todos publicando cosas de comida y lo veremos como la absurdez que es en realidad. Pero, hasta entonces, admito que soy tan culpable como cualquiera. No es algo que me guste de mí, pero sí, soy un publicador de fotos de comida. Con demasiada frecuencia me digo, antes de hacerlo: «Ehrma ghertness. Esto parece delicioso. Todos necesitan ver esto».

Naturalmente, alguien me dirá: «Oh, no sabía que te gustaba cocinar». El comentario siempre me parece extraño, porque no me veo como alguien a quien le gusta cocinar. Horneo. Aso a la parrilla. En realidad no *cocino*. Y, en realidad, no horneo o aso porque *me gusta* hacerlo. Lo disfruto, pero esa no es la razón por la que lo hago. Horneo y aso a la parrilla, por una sencilla razón: amo la comida. Esto podría ser una subestimación. Estoy obsesionado con los postres y la carne. Hay algo que parece enfermizo respecto a comer como *hobby*. Sin embargo, si te soy sincero, comer es un *hobby* para mí. Lo disfruto como un placer. Lo disfruto como un pasatiempo. Creo que constituye un *hobby*.

Cuanto más incursiones hago en la cocina, más he llegado a ver la importancia de la calidad de los ingredientes. Hace unos cuantos años, pasé cada fin de semana durante un número importante de meses buscando la mejor galleta con chispas de chocolate. Con toda sinceridad pienso haberla encontrado. Lo tiene todo: crujiente por fuera, suave por el centro, una alta proporción de chocolate en la masa y una pizca de sal por encima. Lo que he descubierto es que hay ciertos ingredientes que, sencillamente, no pueden no tener marca ni se debería escatimar en calidad ni cantidad. Por ejemplo, si el porcentaje de cacao en el chocolate no es como mínimo del sesenta por ciento, me largo. Y si te apetece estar en desacuerdo conmigo, estoy dispuesto a pelear. Esto es así, chicos.

De manera similar (y, potencialmente menos violento, porque no llegaré a las manos por estos), existen ciertos ingredientes en la práctica de retar que no se pueden escatimar. No puedes engañar usando cosas baratas ni fingir tu camino en esto. No intentes imitarlo con algo menos auténtico. Estos ingredientes son esenciales, y no pueden tacharse simplemente de una lista de verificación. Es necesario estar constantemente controlado y monitorizado. Fluyen y refluyen dependiendo de la situación y de las personas involucradas. Y si descubres que te falta uno de estos ingredientes, no intentes retar sin él. Cada uno es una aptitud aprendida, algo que puedes practicar, y un ámbito en el que puedes seguir creciendo.

LA RELACIÓN

Como ya mencioné en el último capítulo, cuando decides retar no hay nada más importante que la relación que tengas con la persona a la que estás retando. Antes de decidir acercarte a tu jefe, o incluso alguien de otro departamento, con algo potencialmente retador, es necesario que pienses meticulosamente en la relación que tienes con ellos. ¿Tienes la sensación de que te aprecian? ¿Sientes que te respetan? ¿Confían en ti?

¿Y qué me dices del otro lado de la ecuación? ¿Te caen bien? ¿Los respetas? ¿Sienten ellos que te preocupas por ellos? Tal vez la pregunta más importante en la que reflexionar antes de avanzar sea esta: ¿aprecias a tu jefe? Tu jefe no tiene por qué *gustarte* necesariamente. Tal vez no sean colegas. Quizás no escojas salir con él el fin de semana. Pero sí tienes que escoger apreciar a tu jefe. Esto significa que de verdad quieras lo mejor para él, y que intentas hacer lo que sea más conveniente para él.

Aunque 1 Corintios 13 se conoce ampliamente como el Capítulo del Amor, Filipenses 2 me parece extremadamente útil para entender lo que es amar bien a alguien. En Filipenses 2.3, 4 leemos esto: «No hagan nada por egoísmo o vanidad; más bien, con humildad consideren a los demás como superiores a ustedes mismos. Cada uno debe velar no solo por sus propios intereses, sino también por los intereses de los demás». En otras palabras, ponte a su lado. Escoge lo que sea importante para la otra persona como lo más importante de lo que es importante para ti. La otra persona no es más importante que tú, pero actúa como si lo fuera. Si tienes que tomar una decisión entre lo que es mejor para ti y lo que es mejor para la otra persona, opta por esto último. Obviamente, esto no es intuitivo y, desde luego, no es fácil. No siempre significa hacer exactamente lo que la otra persona quiera o te pida que hagas. En realidad, el apóstol Pablo nos proporciona un pequeño secreto hacia la motivación y la inspiración. Si quieres saber exactamente cómo es hacer esto bien, ya sea que estés intentando apreciar a tu jefe o a cualquier otra persona en realidad, Pablo nos da esta nueva percepción en Filipenses 2.5-8:

La actitud de ustedes debe ser como la de Cristo Jesús,

quien, siendo por naturaleza Dios,

no consideró el ser igual a Dios como algo a qué aferrarse.

Por el contrario, se rebajó voluntariamente,

tomando la naturaleza de siervo

y haciéndose semejante a los seres humanos.

Y, al manifestarse como hombre,

se humilló a sí mismo

y se hizo obediente hasta la muerte,

¡y muerte de cruz!

Jesús tenía todo el derecho de exigir que todos satisficieran sus intereses, pero él no actuó así. Tenía todo el derecho de aprovecharse de los demás, pero se negó. Él fue y es valorado por encima de los demás, pero los trató a todos como si fueran más importantes. En lugar de exaltarse a sí mismo, se derramó a favor de los demás. Hizo lo que era mejor para otros, aun cuando esto le costara algo a él; en última instancia, su vida.

Pablo está diciendo que cuando no estés seguro de poder amar a alguien más que a ti mismo, que mires a Jesús. Sigue su dirección. Sigue sus directrices. En cada relación, asegúrate de que la otra persona esté convencida de estas sencillas verdades: «No estoy en esta relación por mí. Estoy en esto por ti». Esto es el amor. Y para dirigir bien al relacionarte con tu jefe, tienes que escoger amar a tu jefe de esta manera. Si no lo haces, el reto no funcionará. No puedo dejar de recalcar lo importante que es esto. El liderazgo no es sencillamente una cuestión de autoridad. Se trata de influencia. Y retar es una forma de liderazgo. Estás dirigiendo a tu jefe a tomar una decisión, algo que no podría hacer por sí solo. Escoger amar a tu jefe es imperativo si estás intentando liderarlo. No puedes dirigir bien a alguien si no lo amas. Amar y liderar a alguien es un arreglo global. No puedes tener lo uno sin lo otro.

Por tanto, pongamos que sabes con exactitud qué es lo que necesita ser cambiado, y lo que te gustaría cambiar, pero la relación que tienes con tu jefe es débil. ¿Qué deberías hacer? Yo te sugeriría que esperaras y trabajaras en la relación.

Ten la convicción de que Dios puso a tu jefe en su puesto. Te guste o no tu jefe, Dios establece la autoridad. Hemos dedicado la mayor parte de este libro a considerar cómo liderar cuando no tienes la autoridad oficial para hacerlo, pero esto no te haga pensar que la autoridad sea mala o inútil. Dios creó los canales de autoridad y obra a través de ella. Queda bastante claro que Dios es un fan de la autoridad. Él construye vida bajo la autoridad y en torno a ella, así que no te rebeles contra lo que Dios edifica a tu alrededor. Es una mala idea y, sencillamente, no funciona. Cuanto mayor sea tu convencimiento de que Dios ha nombrado a las autoridades que están por encima de ti, más responsable serás en la manera que los retas.

Una de las mayores dificultades del reto es aprender a retar el proceso sin dar la impresión de estar retando a la persona. Retar a alguien personalmente pone siempre a esa persona en su sitio, y crea un obstáculo en el camino de una conversación que sea de beneficio mutuo. Estar convencido de que Dios establece la autoridad te permitirá retar sin la sensación de que lo estás haciendo de forma personal.

Para generar confianza, practica la fidelidad. Nada ganará a tu jefe como la generosa fidelidad durante un largo periodo de tiempo. Si todavía no sientes que tu jefe confía en ti, porque no has hecho bastante para fomentar esa confianza, la espera no es en balde. A veces toma más tiempo demostrarle a tu director que no estás en ello por ti mismo. Haz las pequeñas cosas para generar confianza. Muestra que eres fiel en lo pequeño, para que tengan un poco más de confianza en ti.

Nuestro pastor de la escuela superior ha hecho esto mejor que nadie que haya conocido jamás. Cuando Darren Youngstrom se hizo con su empleo, tuvo que escalar una colina: todo el personal había cambiado, muchos voluntarios y estudiantes habían dejado de asistir después de perder la conexión con el anterior líder. Cada mes, el panel de medidas que usamos para medir el crecimiento mostraba una triste historia. Unos cuantos de nuestros líderes más veteranos sentían que aquello era irrecuperable. Cuestionaban si estaban hechos para el trabajo o no.

Para generar confianza, practica, la fidelidad.

He observado esto con demasiada frecuencia, cuando las cosas no van bien para alguien, nuestro instinto nos lleva a buscar más debilidades en esa persona para justificar el juicio que hemos hecho en nuestra mente. Lamentablemente, esto no hace más que empeorar las cosas, e incluso dificulta más que se invierta la dinámica. Sin embargo, he observado cómo lo hizo Darren. No sucedió de la noche a la mañana, pero poco a poco empezó a ganarse a los demás con su fidelidad. Vi cómo elegía tareas que nadie más quería acometer. Se presentó voluntario para bodas, funerales, bautismos y situaciones pastorales delicadas a las que muchas personas le dan el esquinazo. Sistemáticamente desempeñó un liderazgo fuerte en algunas situaciones difíciles. Y pronto, el departamento del que era responsable empezó a crecer. Los voluntarios empezaron a creer y también lo hicieron nuestros líderes veteranos. Con el tiempo, su fidelidad generó confianza.

Saca a relucir los desacuerdos cuando las emociones estén bajas. Jenny y yo hemos aprendido que el mejor tiempo para enseñar a tus hijos a obedecer es cuando las emociones están bajas y las consecuencias de la desobediencia son pequeñas. Cuando las tensiones están altas, como cuando nos apresuramos a salir por la puerta o estamos estresados por un largo día, no es el mejor momento de enseñarle a un niño por qué es tan importante la obediencia. Cuando es sábado por la tarde, uno de esos raros momentos en que la vida está más relajada, practica la obediencia. «Hey, Lucy, practiquemos. Muéstrame cómo vas y pon tus zapatos donde deberían estar». Y, a continuación, cuando lo haga, danzaremos como Justin Timberlake nos pidió que hiciésemos en los Tennessee Kids.

Yo no intentaría practicar la obediencia con tu jefe, pero me parece útil emplear una idea similar. He descubierto que, cuando las emociones están bajas, y estamos hablando en hipótesis, resulta útil formularle a mi jefe esta sencilla pregunta: «Hey, esto ocurre rara vez, pero estoy seguro de que sucederá. Cuando estoy en desacuerdo con algo que veo, ¿cuál es la mejor forma de sacar el tema contigo?». Es sorprendente cómo puede llegar a desarmar esta pregunta. La mayoría de las personas son conscientes de que todo ser humano discrepará en algo de vez en cuando. Esta pregunta le señala a tu jefe que estás pensando en esas veces. Cuando tienes algo que te gustaría retar, ya has pedido permiso y has convenido cuál es la mejor forma de gestionarlo.

Defiende en público. Reta en privado. Una y otra vez he cometido el error de retar el *statu quo* en el contexto equivocado y he saboteado mi capacidad futura para crear el cambio. Una vez más, ponte en el sitio de tu jefe. Cuando estás en tu peor momento, y alguien te cuestiona o te reta en público, ¿cómo te hace sentir? Incómodo. Incompetente. Inadecuado. ¿Cómo afecta a la relación con esa persona? Planta las semillas de la duda de que no puedas confiar en él, de que ella no es para ti, y de que incluso puede querer tu puesto.

Lo contrario es cierto cuando otros nos defienden en público. Nos sentimos edificados, percibimos que creen en nosotros y la afirmación pública nos empuja hacia adelante. Es poderoso. Y, sin duda, seguro que si tuviéramos más confianza, podríamos manejar a cualquiera en el momento que confronte o rete lo que hemos construido; pero no tenemos tanta seguridad. Todos somos frágiles en distintas maneras. Escoger defender a tu jefe en público es siempre una victoria. Construye un fuerte puente, que pueda soportar después el peso del reto. Cuando estás dispuesto a mantener esa conversación retadora, el entorno donde hable también es importante. Si le has dedicado tiempo, si has generado confianza con tu jefe y le has defendido en público, podrías ser capaz de retarlo en tiempo real como algo que surge, o en una reunión con los demás. Sin embargo, casi siempre la conversación necesita algún tiempo apartado, dedicado y personal.

En nuestra organización, se espera que los directores tengan una rutina privada con cada miembro de su equipo. Si no mantienes una reunión privada regular con tu jefe, tal vez signifique que necesites pedir un tiempo para que ambos se sienten y conversen. Cuanto más retadora sea la charla, más privada debería ser. Reta en privado. Defiende en público. ¡No confundas estas cosas! Por similar que suenen, pocas cosas perjudican más una relación que confundirlas.

TU POSTURA

Otro ingrediente fundamental cuando retas es tu postura. ¡Siéntate! ¡Y siéntate derecho! Tu postura física se define como la forma en que tu cuerpo se posiciona cuando estás sentado o en pie. Si no has visto la conversación TED de Amy Cuddy titulada «El lenguaje de tu cuerpo da forma a quien eres»,[1] tienes que verla. Es fascinante y bastante hilarante a la vez.

Aunque tu postura física es importante, cuando hablo de la postura de un líder, estoy pensando más en tu postura no física. ¿Cómo te posicionas? ¿Cómo te mueves? Tu postura física es importante, pero la no física o la *emocional* es igual de importante si no más. Tu postura *emocional* se determina por los pensamientos y los sentimientos que te permites tener hacia ti mismo y hacia tu jefe. Nadie afecta a tu postura más que lo que dices tú mismo sobre ti y sobre tu director.

Escoge confiar en tu jefe. Si piensas constantemente en lo frustrado que estás, irás a tus reuniones sintiéndote cerrado y negativo. Estas emociones, sentimientos y pensamientos negativos se filtrarán en lo que digas. Y, aunque cuides tus palabras, es posible que tu jefe capte tus señales no verbales. Para más sobre esto, el capítulo de Markus Buckingham de *The One Thing You Need to Know: ...About Great Managing, Great Leading, and Sustained Individual Success* [Lo único que usted debe saber... para ser gerente y líder excepcional y alcanzar el éxito duradero] es de obligada lectura. Buckingham argumenta que la conducta más común en todo buen matrimonio es la decisión de creer lo mejor sobre la otra persona. Resume su consejo con esta directriz: «Encuentra la explicación más generosa para la conducta del otro y créela».[2] Esta perspectiva es congruente con lo que Pablo afirma en 1 Corintios 13.7 sobre el amor: «Todo lo disculpa, todo lo cree, todo lo espera, todo lo soporta». Muy pocas cosas influirán más en tu postura hacia tu jefe que escoger confiar en tu jefe.

Confiar en que tu jefe tiene en mente tu mayor beneficio es una elección. A menos que hayas visto montones de pruebas de que tu jefe es indigno de ello, debes escoger confiar. Si se rompe tu confianza, háblale a alguien sobre cómo te estás sintiendo y busca consejo sobre cómo responder. De otro modo, elige confiar en tu jefe. No solo le ayudará a él, sino a ti también. Y escoger confiar en tu jefe genera confianza con tu jefe. Lo habrás sentido tú mismo si tienes a alguien bajo tus órdenes. También es una de las verdades más interesantes de ser padre. Cuando confías en tus hijos, ellos sienten esa confianza tuya en ellos. Y cuando esto ocurre, toman mejores decisiones para mantener esa confianza. Cuando sus decisiones son mejores, tú confías más en ellos. Es una espiral de positividad.

Admite ante ti mismo y ante tu jefe que puede faltarte infor-

Escoger confiar en tu jefe genera confianza con tu jefe.

mación. En mi opinión, resulta bastante útil admitir que si supieras más sobre la situación te sentirías menos frustrado. Esto es bueno, porque es sincero. Reconócelo: no tienes toda la información. Cuando mi hermana y yo hicimos el boquete en la pared, yo malinterpreté el enojo de mi padre. Desconocía que, en aquel momento, yo no disponía de toda la información. Cuando esto ocurre, no podemos entender del todo por qué la otra persona siente lo que siente.

Afirmar en voz alta, simplemente, que no cuentas con toda la información afectará de forma directa a tu forma de comportarte cuando te acercas a una conversación retadora. Si crees tenerlo todo bien atado, poseer todo el conocimiento, los hechos y el entendimiento profundo sobre la situación, ¿cuál será tu postura más probable? Creo que sería algo así: arrogante, cerrada y sentenciosa. No hay forma de entablar una conversación saludable y productiva si esta es tu postura.

Oí esta cita por primera vez en el seminario, y jamás la he olvidado. Es brillante. He descubierto que me ayuda a determinar la postura que quiero tener. Ashley Montagu, un antropólogo británico-estadounidense declaró: «Los seres humanos son las únicas criaturas capaces de conducirse de forma irracional en nombre de la razón».[3]

¿Escuchas lo que está diciendo Montagu? Lo qué podría ser completamente irracional para Jenny, en realidad tiene sentido para mí. ¿Quién tiene, pues, razón? Jenny, por supuesto. Yo no soy el más listo de la cárcel, pero tampoco soy un completo idiota. ¿Pero qué explica la brecha entre nosotros? Vemos el mundo de manera diferente. Ella lo ve a su manera. Yo lo veo a la mía. Si viera esto como ella, imagino que sus ideas y sus sugerencias tendrían más sentido para mí. Y si ella viera las cosas a mi manera, te *garantizo* que esto tendría más sentido para ella.

No te hace ningún bien entrar en una situación creyendo tenerlo todo bien atado. Siempre hay información de la que careces y que puede ayudarte a entender la situación con mayor claridad. Y si me repito esto una y otra vez, cambiará radicalmente mi postura al abordar una situación. Si yo lo viera a tu manera, entendería porque te sientes como te sientes, y por qué haces lo que haces. Es necesario que te detengas justo antes de llevar esa frase tatuada en tu cuerpo.

Permanece en el «gallinero» para mantenerte emocionalmente neutral. Mi *coach* profesional, Dean, me ha convencido de esto. El drama de una obra de teatro se desarrolla en el escenario, no en el gallinero. En escena, los actores del drama están emocionalmente comprometidos como sus personajes. Cuanto más han sumido las emociones de ese personaje, mejor será la representación. En el gallinero, eres un observador. Estás contemplando la obra, pero también eres capaz de reflexionar en ella desde la distancia. Aquellos que miran desde la galería tienen la capacidad de permanecer emocionalmente neutrales hacia los personajes, y esto permite un pensamiento más racional y objetivo.

Si estás suponiendo que soy una máquina fría y desapasionada, debería mencionarte que uno de mis dones es que soy una persona bastante apasionada. Mi corazón envuelve siempre lo que hago. El peligro al que me enfrento es que, cuando mis emociones se sublevan, digo cosas de las que más tarde me arrepiento. No puedo contar el número de reuniones a las que he asistido y en las que he tenido que disculparme por algo que he dicho. Es como si perdiera mi capacidad de pensar con claridad y funcionar bien cuando permito que sean mis emociones las que dirijan el camino. No estoy solo en esto. Afortunadamente, existe una explicación biológica para lo que me sucede y para quienes tienen este problema.

¿Te has percatado de lo difícil que resulta recordar el nombre de alguien a quien acabas de conocer? Pocos segundos después de que me diga su nombre, ya he olvidado lo que ha dicho. Incluso puede ser que me lo repita a mí mismo: «Encantado de conocerte, Garrett». Segundos más tarde, *Espera, ¿cómo ha dicho que se llamaba?* ¿Cómo diantres ha sucedido? Cuando nuestras emociones se alteran, nuestra capacidad de pensar de forma racional decae. Cuando estamos aprendiendo el nombre de alguien al sernos presentado, nos sentimos más nerviosos y angustiados de forma natural, a causa del contexto social. Cuando nuestro nerviosismo aumenta, declina nuestra capacidad cognitiva para hacer algo, como recordar sencillamente la palabra «Garrett». Las emociones son una fuerza tan poderosa para nosotros, que es la razón por la que debemos aprender a estar en el balcón cuando estamos en mitad de situaciones tensas.

Si no puedes permanecer emocionalmente neutral respecto a una situación, no estás preparado para actualizarla. Una persona emocional no es una persona estable, sobre todo en una discusión con su jefe. Para ser capaz de conversar sobre algo potencialmente complicado y personal, es necesario que seas capaz de mantener tus emociones bajo control. No puedes permitir que tus emociones te lleven a decir cosas que lamentarías, si esperas mantener la influencia con los demás. Es necesario que desarrolles madurez emocional. Si sientes que estás demasiado enojado o disgustado, espera. Aprende a controlar esas emociones y practica el pensar detenidamente, reflexionando en las interacciones con antelación. Thomas Paine afirmó: «El mejor remedio para el enojo es la demora».[4] El tiempo tiene esta asombrosa forma de calmarnos. Cuanto más lejos de la situación en la que estamos, más lúcidos y equilibrados podemos ser. Y más eficaces seremos a la hora de retar. Por tanto, mantente en el gallinero tanto como puedas.

Prepárate para no sentirte mal con un no. Nunca he comprado un coche en un concesionario, pero sí he comprado montones de cosas aleatorias en Craigslist. Jenny y yo hemos llegado a un acuerdo: si ella escoge comprar cosas usadas, yo iré y efectuaré la compra. No hay nada más turbio que quedar con alguien en el aparcamiento de Walmart para negociar el precio de una casa de muñecas usada.

Lo que he aprendido de estas fascinantes interacciones es que la persona que esté más dispuesta a marcharse sin hacer el trato suele llevarse el gato al agua. Por el contrario, aquel que tiene más que perder suele perder. Tomamos peores decisiones cuando sentimos que no podemos marcharnos. Pero un «no» no es el fin del mundo.

Cuando estoy dispuesto a salir de la conversación con un «no», manejo mejor esta conversación retadora. Aplico menos presión en los demás. Y, lo más importante: esto indica algo de lo que creo sobre Dios. ¿Creo que Dios puede hacer lo que él quiere si la respuesta es no? Nuestro buen amigo y teólogo local, Garth Brooks, tiene algo profundo que opinar sobre esto en «Unanswered Prayers» [Oraciones no contestadas]: «Algunos de los mejores regalos de Dios son las plegarias sin respuesta». En ocasiones, Dios nos está haciendo un regalo inesperado cuando recibimos un «no» a nuestra gran idea que cambia el mundo.

He aprendido, asimismo, a traducir un «no» como un *aún no*. Si me siento entusiasmado por algo, pero mi jefe no lo ve sencillamente como yo, traduciré su respuesta negativa en un «todavía no» y empezaré de nuevo para hallar un nuevo planteamiento. Me niego a tomármelo como una pérdida; en su lugar, elijo verlo como un planteamiento potencial que no ha funcionado; ahora puedo tacharlo de la lista. Dios sigue siendo Dios. Él puede encontrar un camino. Si yo creo que es él quien establece la autoridad, y que no está sujeto al tiempo, puedo traducir el no de mi jefe por un «aún no», y no es el fin del camino. Esto me mantiene activo y me permite quedar en una postura saludable hacia las personas que tienen la autoridad.

Scott Adams, la voz y el autor detrás de la tira cómica *Dilbert*, ha escrito un libro fantástico titulado *Cómo fracasar en casi todo y aún así triufar*. Al hablar de las profesiones, Adams escribe: «Evita las trampas de las profesiones como perseguir empleos que te exigen vender tu limitada provisión de tiempo, mientras no te preparas para algo mejor».[5] Afirma que todo lo que hacemos debería proveer preparación para otra cosa que podamos hacer en el futuro. No creo que Scott Adams sea un seguidor de Jesús, pero lo que escribe es completamente congruente con la soberanía de Dios y con su capacidad de redimir hasta nuestras pérdidas. Cuanto más confías en Dios, más sana será tu postura en esas conversaciones de alto riesgo y retadoras.

Los dos primeros ingredientes para retar, la relación que tienes con tu jefe y tu postura no física y emocional, son principalmente respecto a ti. Como vimos en el capítulo dos, la identidad es el fundamento para un gran liderazgo. Quien tú eres es más importante que lo que haces y cómo lo haces, pero los dos últimos aspectos siguen siendo importantes. Tú no eres el único ingrediente en todo esto. Por tanto, estos dos últimos ingredientes nos conducen a encontrar el significado subyacente a aquello que estamos retando y el mejor acercamiento a cómo lo estamos retando.

EL SIGNIFICADO

Emitir un llamamiento al cambio puede ser algo vacío si dejamos muy clara la razón por la que presentamos este reto. ¿Cuál es el significado? ¿La razón detrás del desafío? *El desafío del liderazgo* lo expresa bien: «El liderazgo no trata de retar por retar. No tiene que ver con reorganizar cosas tan solo para mantener a las personas en estado de alerta. Se trata de un reto con significado y pasión. Es sobre vivir la vida con propósito».[6] Si estás en el ministerio profesional o si eres miembro del personal de una iglesia, esto es especialmente delicado. Una de las principales atracciones que sienten los individuos por el ministerio vocacional a tiempo completo es el sentido del propósito y la realización que produce este trabajo. Por eso es saludable reflexionar bien en tus motivaciones. La tentación está en todos nosotros para efectuar cambios por el cambio en sí.

La razón más poderosa para retar el *statu quo* es *hacerlo mejor*. Cualquier otro motivo para el cambio es contraproducente. Pero no todos estarán de acuerdo en lo que define *mejor*. El reto es que tú podrías tenerlo claro, pero tu responsabilidad consiste en comunicar esto y dejárselo claro como el agua a tu jefe. En la primera clase que tomé en el Seminario Teológico de Dallas, jamás olvidaré al legendario profesor el doctor Howard Hendricks, quien decía: «Si hay neblina en el púlpito, hay niebla en los bancos». Sin embargo, esto no solo es verdad en el caso de la predicación. Si te sientes confuso respecto a cómo mejorará las cosas el cambio que tú propones, tu jefe también se sentirá confundido. Asegúrate de tener clara la razón para el cambio y los beneficios de este, y serás capaz de aclarárselo también a los demás.

Empieza por descubrir el porqué. Comienza por responder a unas preguntas sencillas. ¿Por qué? ¿Por qué sugieres este cambio? ¿Por qué este cambio será para mejor? La respuesta al porqué no siempre resulta fácil de hallar, pero si puedes definirlo, te ayudará a ser claro sobre el significado y el propósito de este cambio.

Con más de treinta millones de visualizaciones, el video de Simon Sinel ha proporcionado un profundo conocimiento, y el poder de la pregunta «¿por qué?» ya no es un secreto. Su charla TED no solo me moldeó, sino que el principio orientador de su libro, *Start with Why: How Great Leaders Inspire Everyone to Take Action* [Comienza con ¿por qué?: cómo los grandes líderes inspiran a todos a actuar], ha sido profundamente útil también. Escribe: «Las personas no creen lo que haces, sino por qué lo haces. Y aquello que llevas a cabo demuestra sencillamente lo que tú crees».[7] Aunque es necesario que pastores y predicadores sean cuidadosos en no «trafica[r] con la palabra de Dios», como nos recuerda el apóstol Pablo en 2 Corintios 2.17, existe un sentido en el que todos estamos vendiendo algo. Cuando retas, estás vendiendo una idea, una nueva forma, una senda distinta hacia un futuro mejor. Cuanto más claro tu ¿por qué?, más lo creerán.

Aférrate al porqué, pero afloja la sujeción en el qué. Año tras año, nuestro equipo de liderazgo nos golpearía la cabeza contra la mesa de conferencia cuando evaluamos nuestro fin de semana del domingo del Día de los caídos en guerra. No nos satisficieron los resultados que veíamos. Dado que muchas familias asisten a nuestras iglesias suburbanas del área de Atlanta, el calendario escolar crea los periodos de nuestro ministerio para nosotros. Ese fin de semana es una clara ruptura entre la temporada del año escolar y la temporada de verano, y por esa razón y muchas otras, es el domingo con menos asistencia en todo el año.

Tras unos cuantos años en este frustrante dilema, observé que una de nuestras iglesias asociadas ha hallado una sencilla solución. En todas sus comunicaciones hacen saber a las personas: «No nos reunimos el domingo del fin de semana del Día de los caídos en guerra». Recuerdo haber leído esto y pensar: *Bueno, esto resuelve el problema. ¿Pero la iglesia está cerrada? ¿Pueden hacer hasta eso?* Tras reflexionar en todas mis objeciones teológicas, me convencí a mí mismo de que estaba bien. Y, así, unos cuantos de nosotros nos unimos en torno a esta idea, y se la presentamos al liderazgo con delicadeza.

Nuestro «porqué» estaba claro: queríamos empezar el verano con tanto ímpetu como fuera posible. Nuestro «qué» consistía en cancelar el domingo del fin de semana del Día de los caídos en guerra, y aplicar esa energía al verano. Este era nuestro planteamiento: «Hey, tenemos una idea. Al parecer siempre nos sentimos frustrados y no podemos hallar una buena solución. ¿Y si aprovechamos esto como una oportunidad para empezar el verano tan fuerte como sea posible, y también honrar a nuestros voluntarios que sirven con tanta fidelidad durante todo el año?».

Bueno, ¿cómo fue? Denegada. ¡Ni hablar! De ninguna manera. Una idea terrible. «No podemos sencillamente cancelar los cultos. Y, lo más importante, ¿de verdad amas a Jesús?». Esto resume, más o menos, la respuesta que recibí de los altos mandos. En su favor debo decir que estuvieron de acuerdo en el «porqué». Asimismo, querían fomentar todo el impulso posible de cara al verano. Sin embargo, el pensamiento de cancelar un domingo de cultos sencillamente les parecía demasiado, al menos hasta que hubiéramos agotado casi todos los «qués». De modo que, año tras año, retocamos y probamos múltiples opciones. Al insistir nuestros directores del ministerio de familias en proporcionarles descanso a tantos voluntarios como fuera posible para aquel fin de semana, intentamos mantener los cultos para adultos, pero sin los servicios para niños ni el ministerio estudiantil. Esto creó otros problemas con el ambiente de nuestro culto de adultos para quienes asistían por primera vez, por la cantidad de niños que había en la reunión. Entonces intentamos apañárnoslas para cubrir los servicios para niños y estudiantes con muy pocos voluntarios. El culto de adulto mejoró, pero nuestros líderes del ministerio para las familias no estaban contentos con aquella primera experiencia con los niños y los estudiantes. De una forma u otra, cada año, cuando repasábamos aquel fin de semana, siempre había alguien descontento con los resultados. En última instancia, nada parece bueno cuando se diría que no hay nadie presente. Una sala llena hace maravillas para todos. Una sala vacía es como un barco que se está hundiendo.

De modo que, unos cuantos años más tarde, volvimos a sacar a relucir nuestra sugerencia. ¿Y si no celebráramos cultos el domingo del fin de semana del Día de los caídos en guerra? ¿Y si usáramos el día para darles un descanso a nuestros voluntarios? ¿Y si utilizáramos esa energía para concentrarla en el primer domingo del verano para iniciar la nueva temporada? Las ideas eran las mismas, pero el planteamiento fue muy distinto. Esta vez presentamos la idea con anterioridad, aportamos un plan mejor para la forma de comunicarlo, lo posicionamos como una oportunidad de crecimiento para nuestras iglesias, y obtuvimos mejores respuestas para las objeciones más comunes. Nos aferramos al «porqué»; habíamos probado todas las opciones del «qué»; y éramos pacientes, pero persistentes.

Tras años de conversación y debate, el liderazgo decidió ceder e intentarlo. Pensamos que ha funcionado. Nuestra asistencia en el verano ha sido más firme, nuestros voluntarios se han sentido valorados, y te dejo imaginar cómo afectó la decisión a nuestra cultura de personal. Hallar el *significado* subyacente al cambio nos empoderó para presentar una idea desafiante. También ayudó el que nos esforzáramos tanto para hacer el reto menos personal, y proporcionar una respuesta convincente a las preguntas del «porqué» y el «cómo».

TU PLANTEAMIENTO

Trabajar para un gran líder tiene muchos beneficios. Mi aspecto favorito de trabajar para Andy Stanley es que siento como si estuviera obteniendo una licenciatura en liderazgo, solo mediante la observación y la ósmosis. Todo líder tiene sus grandes máximas de éxito, aquellas frases y dichos que aparecen una y otra vez. En cuanto a Andy, lo que he aprendido de él respecto al *planteamiento* se encuentra decididamente en mi lista de «Lo mejor» en cuanto a él.

Todos hemos mantenido conversaciones que no han llegado a buen fin, a causa de un planteamiento pobre. Tu forma de introducir una conversación puede, con frecuencia, superar el contenido de la conversación. Todos hemos tenido conversaciones en las que teníamos razón, pero acabamos disculpándonos por haber tenido el planteamiento equivocado. Cuando me casé, mi deseo de tener razón hacía que aplicara más energía y entusiasmo a las conversaciones. Recuerdo haber estado con Jenny en un restaurante. Había un problema con la comida. Era evidente que yo tenía razón, pero el tono que usé al hablar con el camarero respecto al inconveniente incomodó realmente a Jenny. Yo tuve razón al devolver el plato, pero antes de poder estar en el mismo plano que mi esposa, era necesario que presentara mis excusas al camarero, por mi forma de plantear la situación. El planteamiento lo es todo. Con el acercamiento adecuado se puede decir casi cualquier cosa, mientras que con el equivocado no importa si tienes razón o no; no funciona.

Ajusta tu planteamiento para que encaje con la persona. Con el fin de saber por qué planteamiento optar, es necesario que estemos profundamente familiarizados con la forma de ser, el temperamento y la personalidad de tu jefe. Los grandes esposos se estudian el uno al otro para tener un matrimonio extraordinario; tú tienes que estudiar a tu jefe del mismo modo. Puedes hacer mucho para llegar a conocer el estilo de tu jefe sin llegar demasiado lejos. Nuestros hijos se desmoronan siempre en esa línea en *Planes: Fire and Rescue* cuando Lil'Dipper le susurra a Dusty: «Me encanta verte dormir». No sugeriría que acecharas a tu jefe, pero que aterrices a muy corta distancia de esto es una gran idea.

¿Qué tipo de personalidad tiene tu jefe?

¿Piensa tu jefe de forma concreta o abstracta?

¿Qué nivel de detalle necesita tu jefe?

¿Cómo le gusta a tu jefe recibir información?

¿Necesitas enviar previamente un correo electrónico con todos los detalles, o deberías hacer un seguimiento con un correo electrónico posterior a la conversación?

Todas estas son preguntas que puedes formularle a tu jefe cuando las emociones están bajas. Más tarde, si has hecho tus deberes, se notará en las conversaciones retadoras. El balance final es que realices algunos deberes y aprendas el planteamiento que mejor encaje con tu jefe.

Declara tus intenciones antes de retar. Toda gran boda les proporciona a la novia y al novio la oportunidad de declarar sus intenciones. Allí es donde afirman de forma pública todo lo que es una boda, y yo lo valoro de verdad. No gastas todo ese dinero, invitas a todas esas personas y malgastas todo nuestro tiempo no dejando claro *por qué* estamos todos allí. Y lo mismo ocurre cuando necesitas mantener una conversación difícil. Declara tus intenciones por adelantado. Es como enganchar un mosquetón a un arnés. Si algo sale mal, tus intenciones declaradas proporcionan una red de seguridad en una conversación en caída libre. Aquí tienes unos cuantos ejemplos:

- «Realmente creo en ti y me encanta trabajar para ti. Hay algo que quiero sacar a colación y que podría ayudarnos a crecer.

Tal vez me estoy perdiendo algo, pero creo que esto podría ser una mejor solución para todos nosotros».

- «Creo haber identificado algo que nos está reteniendo y si yo estuviera en tu sitio, querría saber lo que es. Creo tener una idea sobre cómo resolverlo. ¿Te importaría que lo compartiera contigo?».
- «Quiero tu consejo sobre algo. Tengo una idea que creo que nos hará mejorar, pero quiero saber lo que piensas al respecto. He pensado mucho sobre ello. Podría crear inicialmente algunas complicaciones, pero al final creo que nos alegraría haber hecho el cambio, por los resultados que podría producir».

La forma en que empiezas y lo que dices es tan crucial. Antes de entrar en el espacio de alguien, intentar lanzar a tu alrededor tus brillantes ideas que tienen el potencial de destrozar el mundo de otra persona, lidera con una clara declaración de tus intenciones. Te alegrarás de lo que hiciste o lamentarás lo que no hiciste.

Formula preguntas de curiosidad y hazlo en serio. Uno de los comentarios constantes que recibo sobre mi liderazgo es que tengo la tendencia de moverme con demasiada rapidez. Cuando lo hago por el bien del progreso, tiendo a saltar a las conclusiones que pueden ser verdad o no. Cuando juzgo mal a alguien, afecta negativamente a la relación. A nadie le gusta sentirse juzgado aunque den en el blanco. Sentirse incorrectamente juzgado sienta mal en múltiples niveles.

Disciplinarme para liderar con preguntas me ayuda a evitar la trampa de los juicios imprudentes. Las preguntas curiosas provocan humildad. Últimamente, he iniciado cada conversación importante más o menos así: «He pensado mucho en esta situación, pero sé que tú también. Dime cómo lo estás procesando». Esto es crucial para mí. Las suposiciones incorrectas crean muros y causan humillación. Si escoges empezar la conversación de reto con preguntas, te enseñará algo. Generará confianza, y te ahorrará algún que otro bochorno.

MÁS QUE UN SENTIMIENTO

El conjunto musical Boston dice que hay momentos que son más que un sentimiento. Yo estaría de acuerdo con ellos, pero a duras penas. Tú eres más que un sentimiento, pero tus sentimientos tienen un papel bastante sustancial en tu vida. Tienen una profunda importancia. Permíteme que intente explicártelo.

De vez en cuando, mi computadora de bolsillo (también conocido como mi Smartphone) hace algo de lo más inusual. Suena. ¿Quién llama a nadie en estos días? Y, por favor, por lo que más quieras, no me dejes un mensaje de voz. Solo envíame un mensaje de texto. Pero no me dejes un mensaje de voz. Yo devuelvo los mensajes de voz del mismo modo en que Charles Barkley balancea el palo de golf. Mal.

Cuando tu teléfono suena y ves aparecer el nombre de una persona, ¿qué sucede? Bueno, depende de cómo te sientas. Y eso queda determinado por el nombre que ves. En ese momento, la persona es un sentimiento para ti, y nada más que eso. Lo siento, Boston. Ahora bien, si eso ocurre cuando suena tu teléfono, adivina una cosa. También sucede cuando aparece tu nombre en la llamada que tú le haces a tu jefe. Aquí tienes la pregunta de setenta dólares: ¿cómo se siente tu jefe respecto a ti cuando aparece tu nombre en su teléfono?

Tu manera de retar determinará cómo se siente tu jefe respecto a ti. Obviamente, queremos que nuestro jefe tenga todas las sensaciones positivas cuando piensan en nosotros. ¿Por qué? Claramente, para que nos paguen más. ¡Ja! Solo estoy bromeando. Bueno, más o menos. Si de verdad quieres liderar cuando no estás al mando, quieres que tu jefe sienta vibraciones positivas hacia ti en aras de la influencia. Y nada es más estimulante que la oportunidad de hacer un cambio, de mejorar algo y de ser capaz de expandir tu influencia. Un buen sueldo es genial. Un trabajo con influencia y oportunidad es aún mejor. Así que aprende a retar bien. Hay mucho más en juego de lo que tú imaginas.

CAPÍTULO 10

TU PRÓXIMO CAPÍTULO EMPIEZA HOY

Bueno, has llegado al capítulo final. Enhorabuena. Sinceramente no pensé que llegarías tan lejos en tu lectura, pero me alegra que lo hayas hecho. Quiero que te imagines dentro de cinco años. Eres el jefe. Ocupas esa oficina de la esquina con una vista magnífica, un gran escritorio y un globo terráqueo en el rincón (no sé por qué está el globo ahí, pero parece algo que una persona importante podría tener en su oficina). Te has abierto camino y has ascendido en la escala en el negocio/iglesia/organización para la que trabajas en la actualidad, y ahora tú eres el jefe. Tú eres quien estás al mando. ¿Y ahora qué?

Esta es una situación que yo imaginé casi cada día cuando tenía veintitantos años. Me encantaba imaginarme con los pies sobre mi escritorio, y contemplar el horizonte de Atlanta mientras las personas vienen a informarme. Hubo tiempos en los que pensé: *Si al menos estuviera al mando...* o *Cuando yo sea el jefe, voy a...* Me resultaba demasiado natural pensar en cómo gestionaría las cosas una vez se me diera la autoridad que necesitaba. Tristemente, estaba tan enfocado en lo que haría en el futuro que perdí oportunidades de crecer como líder justo entonces y allí. Mi perspectiva iba hacia un sueño idealista, pero no tenía un plan claro de cómo llegar allí.

Ahora no hay nada malo en pensar y planificar con antelación. Pero existe un peligro en centrarse demasiado en lo que queremos cambiar o en lo que haremos cuando estemos al mando, *y, en su lugar, no empezamos a hacer nada correcto ahora*. Inevitablemente, nos perdemos la posibilidad de desarrollarnos como líderes antes incluso de estar al mando.

Los grandes líderes saben cómo liderar cuando están al frente, porque ya lideraban incluso mucho antes de recibir esa autoridad. Esa es la gran idea que espero que saques de este libro. Espero que veas que es posible liderar desde donde estás justo ahora. Espero que sepas que no tienes que aguardar a ese futuro puesto con el que habías soñado antes de empezar a liderar. El liderazgo empieza justo ahora, dondequiera que estés.

Una de las mejores cosas que puedes hacer hoy es empezar a formularte preguntas respecto a cómo y por qué quieres liderar cuando estés al mando. Entonces, comienza a liderar con esas respuestas en mente. Cualquiera puede soñar despierto con aquello que harán una vez estén al mando. Pero se requiere una única persona, un verdadero líder, para imaginar esta realidad y, a continuación, ponerla en acción antes de tener ese puesto de autoridad. He leído bastantes libros sobre liderazgo para saber que si tu cierras este libro y no actúas conforme a ninguna de las cosas que acabas de leer, entonces has perdido tu tiempo. No quiero que eso suceda. Por esta razón, los pasos que he compartido contigo respecto a liderar cuando no estás al mando son procesables y aplicables a cualquiera. En este último capítulo vamos a responder a varias preguntas. Mi esperanza es que, cuando empieces a responder sobre cómo quieres liderar, verás que puedes empezar a hacerlo desde el lugar donde te encuentras hoy. No hay fórmula mágica para liderar cuando no estás al mando. Si estuvieras esperando que se revelara un gran secreto en el último capítulo, lamento decepcionarte.

La verdad es que lo único que necesitamos es un cambio de perspectiva. Cuando dejamos de pensar en cómo queremos liderar en el futuro y empezamos a buscar oportunidades de dirigir ahora mismo, aprendemos de verdad cómo mejorar nosotros y hacer mejorar a quienes nos rodean. El verdadero liderazgo no trata de tener autoridad para liderar. La autoridad importa, pero es una herramienta que hace que el buen liderazgo sea eficaz, y no la salsa secreta que hace que todo lo que tiene que ver con el liderazgo suceda de repente. En su lugar, necesitamos aprender cómo cultivar la influencia. Y esto es algo que todos nosotros podemos hacer. Cada uno de nosotros está llamado a ser líder de alguna manera: en nuestros trabajos, nuestras escuelas, nuestras iglesias, nuestras comunidades y nuestras ciudades. Estas organizaciones están esperando a que personas como tú se levanten y lideren.

RESPECTO A TU REPUTACIÓN

Una de las preguntas más importantes que puedes formularte es esta: ¿qué quieres que digan las personas sobre ti cuando por fin estés al mando? Si eres como yo, te has imaginado muchísimas veces como jefe. ¿Pero has imaginado alguna vez cuál será tu reputación como jefe? Estas preguntas importan por un par de razones. Primero, te obligan a pensar en el impacto de tu liderazgo en otras personas. Es fácil soñar despierto sobre mirar a los demás desde arriba, pero es un reto mayor cuando los contemplas admirándote seriamente. En segundo lugar, una vez respondes a estas preguntas sobre cómo quieres que sea tu futuro «yo», puedes empezar a trabajar para convertirte un día en esa persona.

Cuando yo era joven estaba tan ocupado en juzgar las reputaciones de aquellos que estaban a cargo que rara vez pensaba en mi propia reputación. Pensaba con ingenuidad que una vez que estuviera en una posición de poder, conseguiría una reputación como líder.

Pregúntale a cualquier líder y te dirán que eso no es verdad. Tener un título no te proporciona una reputación de gran líder. Me encanta cómo lo expresa Dave Ramsey en *Empreliderazgo*: «Confundí tener una *posición* con el verdadero liderazgo. Tener hijos no hace de ti un buen padre; significa que practicaste el sexo. Eso es todo».[1]

Nada cambia por arte de magia en lo tocante a tu reputación cuando estás en una posición de autoridad. La misma reputación que tienes sin poder permanece en ti cuando tienes poder y autoridad. Los grandes líderes miran al futuro y empiezan a actuar hoy para convertirse en quienes quieren ser. En realidad, todo el propósito de este libro consiste en alentarte a empezar a liderar desde donde te encuentras ahora. No esperes hasta estar al mando para

Comienza preguntándote a ti mismo qué tipo de líder quieres ser mañana. Y empieza a convertirte en esa clase de líder hoy.

ser el líder que quieres ser. Lo más probable es que, *si esperas a empezar a liderar, nunca alcanzarás el puesto para liderar*. Comienza preguntándote a ti mismo qué tipo de líder quieres ser mañana. Y empieza a convertirte en esa clase de líder hoy. Porque, te des cuenta o no, estás construyendo una reputación para ti mismo, como líder y como persona.

Tu reputación importa. Pero como todo lo que es importante en la vida, no es algo en lo que empiezas a trabajar mañana. No se forma de la noche a la mañana. Estás formando una reputación ahora mismo, estés o no al mando.

EL TÓTEM TOTAL

Recuerda la última vez que tuviste un empleo en el nivel más bajo de una empresa. Tal vez fueras becario o desempeñaras una función de principiante, pero de un modo u otro, estabas en un puesto con cero autoridad. ¿Cómo veías a tu jefe? Y no solo tu jefe más inmediato, sino la persona que ocupaba el puesto más alto. Es probable que no lo/la conocieras por su nombre, así que ¿cuál era la reputación de la persona a cambio en el nivel superior?

Avanza rápido cinco años. Tú eres ahora esa persona. Piensa cómo podrían considerarte las personas en tu puesto superior actual. ¿Qué reputación tendrás con la persona que está en la parte más baja del tótem? Los buenos directores lideran teniendo a todo su personal en mente. Desde los niveles más altos e intermedios, hasta los becarios y los porteros. Las personas que están en lo más alto pueden no interactuar jamás con las personas que están abajo, pero eso no significa que no tengan influencia allí. De hecho, la relación entre la persona que está en la cima y la que está en la parte más baja de una organización te dicen mucho sobre la capacidad de liderazgo de alguien. Los buenos líderes son considerados favorablemente por aquellos que están más cerca de ellos en la empresa. Todos en la compañía los ven con buenos ojos.

Jesús lo sabía. En Juan 4, Jesús tiene interacción con una mujer samaritana. En aquella cultura, no había nadie en la parte más baja del tótem que una samaritana. Para empezar, los judíos menospreciaban a los samaritanos. Era una cultura de segunda categoría. Además de eso, las mujeres no tenían prácticamente ningún estatus en la sociedad. Por tanto, esta mujer era la mujer menos importante en la sociedad de la cultura menos importante. Para todos aquellos que la rodeaban, ella no era nadie. Sin embargo, para Jesús, era un ser humano creado a imagen de Dios, alguien que merecía dignidad y respeto. Que Jesús quisiera dirigirse siquiera a ella era ya un paso fuera de las normas de la sociedad. Que quisiera tratarla con respeto era sencillamente inaudito. Pero así era como Jesús lideraba. No consultó con los discípulos. No intentó crear una gran reputación entre la gente de poder. Se centraba en hablar con todo el mundo y en tratar con respeto incluso a los más marginados dentro de la sociedad.

La samaritana no era tampoco un caso atípico. Jesús tuvo incontables interacciones con recaudadores de impuestos, prostitutas y leprosos. Habló a todos aquellos a quienes la sociedad consideraba indignos. Y, en cada uno de esos casos, habló con respeto e hizo prodigios por su reputación. Ese es nuestro trabajo como líderes. Debemos liderar teniendo la totalidad del tótem en mente, independientemente de tu propia posición en él. Si estás en la parte más baja de la escala corporativa justo ahora, empieza a liderar de tal manera que te respeten las personas de cada posición. Y, conforme asciendas en la organización, lidera teniendo en mente a la persona que está más abajo. Eso es lo que hizo Jesús. Puedes adivinar el carácter de un líder no por cómo son tratados por sus iguales, sino por cómo los consideran los que están debajo de ellos.

LAS PERSONAS ABANDONAN A LOS DIRECTORES, Y NO LOS TRABAJOS

Lo que las personas opinen de ti no va a cambiar drásticamente una vez estés al mando. Solo porque respeten tu puesto de autoridad, esto no significa necesariamente que te vayan a respetar a ti. De repente, ganar autoridad no tendrá el poder de revertir ni de mejorar tu reputación. Si las personas con las que trabajas no te respetaban antes de que ostentaras un puesto de poder, el respeto que puedes recibir o no en el nivel superior será superficial. Es importante entender y manejar la influencia que tienes ahora, para que sepas qué hacer el día en que por fin consigas el ascenso que esperabas. De otro modo, podrías acabar siendo el jefe para quien las personas odian trabajar. ¿No crees que esto sea posible? Considera esto. Un estudio Gallup demostró que el cincuenta por ciento de las personas que dejan su trabajo lo hacen por culpa de sus jefes.[2] El cincuenta por ciento. Si dos personas han abandonado, cuando trabajan a tu cargo, las probabilidades demuestran que uno de ellos se fue por tu culpa. ¡Caramba! ¿Cuántos líderes piensan en tomar la responsabilidad de aquel que se marcha?

La calidad del trabajo de cualquier individuo quedará determinada por tres variables clave:

- Qué hacer
- Con quién hacerlo
- Cuánto dinero sacas

O, por expresarlo de otro modo, todo se resume al qué, al quién y al «¡¡billetes dólar para todos!!». Si el quién (los colaboradores y el jefe) no es agradable, entonces el trabajo o la paga tienen que ser extraordinarios. Yo argumentaría que, si tuviéramos que clasificar estas tres cosas por orden de importancia, el «quién» estaría en el puesto más alto de la lista. Si has desempeñado alguna vez un trabajo que odiabas con personas a las que amabas, entonces sabes con exactitud a qué me estoy refiriendo. Estar rodeado de grandes personas puede hacer que se disfrute hasta de las tareas de menor categoría. No tienes más que considerar a Jim y Pam de *The Office*. Ambos parecían aguantar en una cultura de oficina menos que deseable, porque se tenían el uno al otro. Incluso un empleo bien remunerado puede ser bastante deprimente cuando no se puede disfrutar de las personas o del trabajo.

CONVIERTE TU ÉXITO EN NUESTRO ÉXITO

Como líder, es responsabilidad tuya crear un entorno en el que las personas disfruten de su trabajo y le hallen sentido. También es necesario que crees un ambiente de equipo en el que los demás disfruten trabajar *contigo*. Si esto es así, lo más probable es que se sientan contentos de trabajar *para* ti. ¿Qué tipo de relaciones laborales quieres cultivar? Aquellas en las que tu éxito se ve como el de todos los que trabajan contigo. Salomón declara: «Cuando los justos prosperan, el pueblo se alegra; cuando los impíos gobiernan, el pueblo gime» (Proverbios 29.2).

¿Celebran los demás tu éxito? ¿Se alegran tus compañeros cuando prosperas en tu trabajo? Si la respuesta a estas dos preguntas es sí, entonces sigue haciendo exactamente lo que estás haciendo. Si la respuesta es no o no estás seguro, piensa en qué necesitas cambiar con el fin de ser un líder que merezca que se alegren por él. Esto importa ahora, porque importará más tarde.

La mejor forma de ser el tipo de líder al que las personas quieran celebrar es preocuparse profundamente por las personas con las que trabajas. Los líderes eficaces son inclusivos. Cuando tienen éxito, las personas que los rodean también triunfan. *Quien a buen árbol se arrima, buena sombra le cobija.* Crean ambientes en los que las personas de todos los niveles de la empresa quieren esforzarse, porque saben que todos se beneficiarán cuando todos trabajen a pleno potencial. Los líderes inclusivos no se aíslan como figuras autoritarias, sino que se incluyen ellos mismos como influyentes innovadores. Estos líderes saben que lo mejor que pueden hacer por sí mismos es empujar a quienes los rodean para que den lo máximo. Estos son los tipos de líderes que las personas celebran. ¿Por qué? Porque se sienten parte del éxito de esa persona.

Una vez más, echémosle un vistazo a Jesús. Es indiscutible que él era el líder de sus discípulos. Con toda claridad, él era el hombre a cargo. ¿Pero mantuvo Jesús a los discípulos a su alrededor para que pudieran servirle y realizar aquellas tareas que él no quería hacer? No. Se rodeó de ellos para poder enseñarles y entrenarlos. Los estaba preparando para que prosiguieran con la dinámica de su ministerio. Les estaba encomendando su misión. Por tanto, hizo uso de su poder, como contrapeso, para edificar a los demás. En Mateo 10, Jesús envía a los discípulos a ciudades y aldeas para que sanen a los enfermos y difundan el evangelio. Pero no se limitó a mandarlos y esperar lo mejor. No, sino que los preparó. Les dijo dónde ir, qué decir, qué hacer y hasta qué llevar consigo (vv. 6-10). Dedicó, asimismo, tiempo a alentarlos y prevenirlos respecto al trabajo que tenían por delante. Esto es liderazgo.

Obviamente, Jesús mismo podría haber hecho todo lo que les encomendó a sus discípulos. No les asignó tareas que él fuera incapaz de llevar a cabo ni tampoco estaba siendo perezoso al recurrir a la microgestión. Los estaba obligando a vivir según su potencial. Es lo que estamos llamados a hacer como líderes, y podemos realizarlo estemos al mando o no. No consiste en preguntar: «¿Qué puedes hacer para que a mí se me considere mejor?", sino, "¿Qué puedo hacer para que se te vea mejor a ti?». Jesús no usó su autoridad para mangonear, sino que se sirvió de ella para hacerles alcanzar todo su potencial. Este es el tipo de liderazgo bajo el que las personas están ansiosas de trabajar. Los líderes que se enfocan exclusivamente en su propio éxito están por todas partes, mientras que los que se concentran en el éxito de sus subalternos escasean.

¿Eres tú el tipo de líder que hace que los demás sean mejores? Cuando las personas observan tu forma de liderar, ¿quieren ser como tú o lo más distinto a ti posible? Y es que los líderes no solo hacen que quienes los rodean sean mejores, sino que viven y lideran de un modo que merece la pena imitar.

ELABORA UNA LISTA DE LIDERAZGO

Una de las mejores cosas que puedes hacer para ser un líder mejor es observar y aprender de las personas que están al mando. Los grandes líderes tienen la capacidad de aprender de quienes están por encima de ellos, y de aplicar esas lecciones. Mira a los líderes a quienes admiras (y a los que no admiras), y empieza a prestar atención a cómo dirigen. Los mejores líderes son aquellos que aprenden. Se dan cuenta de que siempre hay algo que aprender de quienes los rodean. Cuando desempeñé puestos de nivel básico en nuestra iglesia, observé constantemente a la persona que ocupaba el puesto principal, porque quería saber si él actuaba como pedía a los demás. ¿Creía realmente aquello que enseñaba?

Independientemente del trabajo o del jefe que tengas, puedes aprender cómo liderar y cómo *no* hacerlo. Puedes instruirte tanto si tu jefe es terrible como si es extraordinario. Presta atención. Toma notas de lo que te gusta y de lo que no. Aquí tienes el ejemplo de una lista que realicé cuando yo tenía veintitantos años. Son notas que escribí cuando observaba a las figuras de autoridad y cómo lideraban.

Lo que debes hacer:

- Valora cada opinión, en especial aquellas que contradigan las tuyas.
- Dile a las personas que valoras el trabajo que están aportando.
- Lidera primero mediante la acción y segundo de palabra.
- Expresa las expectativas y asegúrate de que quienes te rodean saben lo que quieres y necesitas de ellos.
- Proporciona tanto aliento y afirmación como te sea posible.
- Sé eficiente con las tareas y efectivo con las personas.

Lo que no debes hacer:

- Subestimar al becario.
- Ignorar una idea/creencia/crítica compartida por más de una persona.
- Dar por sentadas a las personas que están realizando el trabajo sucio.
- Programar reuniones sin un objetivo o propósito claro.
- Actuar como si fueras mejor que los demás, aunque lo seas.
- Infravalorar el tiempo que los demás están dedicando a facilitar tu trabajo.

Cuando estés haciendo tu lista, sé consciente de que los demás te pueden estar observando y confeccionando su propia lista de «hacer» y «no hacer». Si quienes te rodean son inteligentes, estarán aprendiendo de ti tanto como tú de ellos. ¿En qué categoría encajaría tu estilo de liderazgo en esta lista? ¿Te toman como ejemplo otras personas para saber cómo deberían o no deberían comportarse? ¿Es tu forma de dirigir, estés o no al mando, digna de ser imitada? Si no estás dejando un ejemplo digno de seguir ahora, es probable que nada cambie una vez que estés a cargo.

TU LUGAR EN LA FILA

En última instancia, el mejor líder al que podemos imitar es Jesús. Fue el mejor líder que vivió jamás, y no por tener todo el poder. Lo poseía, pero renunció a esos derechos y afirmaciones para convertirse en un siervo dispuesto para la misión de redención y salvación de Dios hacia nosotros. Como Hijo de Dios, la segunda persona de la Trinidad, Jesús tenía la reivindicación eterna a mayor autoridad de la que haya ostentado nadie que existiera jamás. Él podría haber ejercido su autoridad y poder, haber amenazado con castigar a cualquiera que se interpusiera en su camino. Pero no lo hizo. Jamás usó su autoridad para obligar a nadie a cumplir su voluntad. Se sirvió de la influencia y del autosacrificio. Ya consideramos este pasaje de Filipenses con anterioridad. Observemos una vez más el recordatorio del tipo de liderazgo que estamos llamados a ejercer.

La actitud de ustedes debe ser como la de Cristo Jesús,

> quien, siendo por naturaleza Dios,
>> no consideró el ser igual a Dios como algo a qué aferrarse.
> Por el contrario, se rebajó voluntariamente,
>> tomando la naturaleza de siervo
>> y haciéndose semejante a los seres humanos.

FILIPENSES 2.5-7

Si Jesús no consideró la igualdad a Dios como algo que usar para su ventaja, entonces ¿por qué pensamos que podemos lanzar nuestra autoridad a diestra y siniestra para conseguir lo que queremos? ¿Qué quieres ser? ¿Un pastor, el presidente de una empresa, tal vez el presidente de Estados Unidos? ¿Qué tienen todos estos puestos en común? Tienen cero autoridad en comparación con Jesús. Pero este es el asunto: no fue la autoridad que Jesús poseía la que lo convirtió en un gran líder, sino su influencia en la mente y en el corazón de las personas, la influencia cultivada por hablar la verdad y desafiar el *statu quo*, mediante su servicio a los demás, al sanar a las personas y suplir sus necesidades. Fue una influencia cultivada por darles a los seres humanos esperanza y visión para el futuro. En última instancia, fue la influencia obtenida al demostrar la profundidad de su amor por las personas, su autosacrificio por ellos. Eso es el liderazgo. Y nuestra tarea consiste en imitar su ejemplo. La pregunta que deberíamos formularnos a nosotros mismos es esta: ¿están las personas a las que lidero aquí por mí o estoy yo por ellas? Los grandes líderes se sacrifican por el bien de los demás. Jesús entregó su vida. Si el Hijo de Dios no hubiera dirigido mediante el autoservicio como prioridad, nosotros tampoco deberíamos hacerlo. Jesús nos enseña que el liderazgo no es ser servido. Es servir. Y la mejor parte de servir es que cualquiera puede hacerlo. Cualquiera, independientemente de su puesto, puede servir a los demás. Desde el pastor o el presidente de una empresa, hasta el becario de verano, todos compartimos la responsabilidad del servicio y la obligación de amar a nuestro prójimo como a nosotros mismos.

¿Y AHORA QUÉ?

Existen cuatro palabras que repiquetean en mi cerebro con regularidad. Estos cuatro términos crean responsabilidad por mi forma de vivir cada día. Instauran urgencia por mis creencias, me ayudan a asegurarme de que sean evidentes en mis actos. Si mis creencias establecidas no aparecen en mi vida cotidiana, entonces no son más que declaraciones y afirmaciones. En realidad, no estoy viviendo por fe. Por tanto, estas cuatro palabras le proporcionan gravedad a aquello que estoy haciendo ahora, no solo por lo que *afirmo* creer.

«Como ahora, así entonces».

O, por juntarlas en nuestro contexto: como lideras ahora, así liderarás después. Si estás dirigiendo ahora mediante la influencia, no lo harás después. Si estás esperando a tener autoridad para empezar a tener influencia, te verás obligado a depender de esa autoridad cuando estés al mando. Tienes que empezar ahora. *Como ahora, así entonces.*

Mi idea al escribir este libro fue la de ayudarte a ver que puedes ser el líder que quieres ser hoy. Tienes todo lo que necesitas para dirigir. Tienes los ejemplos de Jesús. Interactúas con personas a las que puedes servir cada día. El liderazgo no consiste en esperar hasta que las personas te llamen líder, sino en hacer todo lo que puedas para dirigir justo allí donde estás.

He intentado proporcionarte algún consejo práctico, que espero puedas empezar a aplicar. Sin embargo, hay algo que todos necesitan hacer, independientemente de su puesto de autoridad, y es esto: *el amor*. El amor suele pasarse por alto cuando las personas hablan del liderazgo. Los grandes líderes aman *aquello* que hacen, *con* quién lo hacen y *para* quién lo hacen. Jesús expresó: «De este modo todos sabrán que son mis discípulos, si se aman los unos a los otros» (Juan 13.35).

Es lo que hizo Jesús. Fue el mejor líder que pisó jamás la faz de la tierra. Inició un movimiento que ha durado más de dos mil años. ¿Y cómo lo hizo? Al amar a todas y cada una de las personas con las que estuvo en contacto. Existe un montón de cosas que Jesús hizo, que tú y yo no podemos hacer (como caminar sobre el agua, alimentar a cinco mil personas con unos panes y algunos peces, resucitar a alguien de entre los muertos). Sin embargo, amar es algo que los grandes líderes hacen bien. No olvidaré jamás cuando oí a Patrick Lencioni afirmar esto en la Cumbre de Liderazgo de Willow Creek: «La administración es un buen ministerio. Somos llamados a amar a las personas a las que lideramos». ¿Te suena familiar?

La misión de nuestra iglesia consiste en liderar a las personas en una relación creciente con Jesús. Con tantas cuestiones y retos a los que se enfrentan hoy las personas, creo que Jesús es la respuesta. No es algo trillado ni culto de labios. Jenny y yo hemos aprovechado toda nuestra vida para este fin. ¿Por qué he escrito, pues, este libro sobre el liderazgo? Cuanto más tiempo llevo sirviendo como pastor, más convencido estoy de que nuestras iglesias necesitan mejores líderes. Y no solo como organización formal con personal y pastores, sino en la totalidad de la iglesia. Necesitamos seguidores de Cristo que vivan su fe como líderes en todos sus llamados, diversos y maravillosos, como maestros, padres, contables, abogados, músicos, artistas, *coaches*, porteros, mecánicos de automóviles, plomeros, ¡lo que sea! Si Jesús es la esperanza del mundo, entonces la iglesia, el pueblo de Jesús, es el vehículo para esa esperanza. Y si eres pastor o maestro en la iglesia, tu congregación necesita oír de tu boca lo que significa ser un líder piadoso. Precisan escuchar el llamado a levantarse y liderar, aunque no están en puestos de autoridad.

Se acabó el mantenerse a flote en espera de tener autoridad o un título para empezar a liderar. Estoy decidido a hacerlo como si me fuera la vida en ello, porque creo que es así. No voy a creer la mentira que afirma que necesito más autoridad para tener más influencia. Si el camino de la influencia supera de verdad al de la autoridad, pongámonos en marcha juntos y empecemos a avanzar. El gran liderazgo depende de la influencia. Cuanta más influencia cultives hoy, más tendrás mañana.

Escoge empezar a liderar hoy, estés o no al mando.

Esto comienza ahora mismo.

Capítulo 1: La singularidad del liderazgo

1. Sinek, Simon, «Why Good Leaders Make You Feel Safe». http://www.ted.com/talks/simon_sinek_why_good_leaders_make_ you_feel_safe.
2. Collins, Jim, «Good to Great», FastCompany.com, http://www. fastcompany.com/43811/good-great.
3. Tabrizi, Benham, «The Key to Change Is Middle Management», *Harvard Business Review*, https://hbr.org/2014/2014/10/ the-key-to-change-is-middle-management.

Capítulo 2: Crisis de identidad

1. Zucker, Jerry, *El primer caballero*, DVD, Los Ángeles: Columbia Pictures, 1995.
2. Morel, Pierre, *Venganza*, DVD, Los Ángeles: 20th Century Fox, 2008.

Capítulo 3: Reclama *Kibosh*

1. *Seinfeld*, «The Opera», Episodio 49, dirigido por Tom Cherones, escrito por Larry Charles, NBC, 4 noviembre 1992.
2. En la hermenéutica judía existen cuatro categorías interpretativas básicas: literal (*peshat*), filosófica (*remez*), inferida (*derash*) y mística (*sod*). La primera letra de cada uno de estos términos hebreos se usa para crear el acrónimo PRDS, al que se suele hacer referencia de forma más común y se pronuncia «pardes» por mis amigos rabinos. Se sigue usando como estructura para la exegesis judía y el estudio interpretativo de la Torá. Un rabino judío consideraría esta conexión entre *kabásh* y *kibosh* como un *remez*, y no como un *peshat*. Es filosófico, no literal. Aunque no podamos hallar una relación literal

entre *kabásh* y *kibosh*, es acertado decir que estas dos palabras suenan exactamente iguales, aunque tienen dos definiciones distintas y contrarias. Usar el juego de palabra para aclarar una idea es una forma normal y aceptable de la hermenéutica judía. Para el pueblo hebreo, la palabra *kabásh* debe de haber significado algo hermoso. Hoy, cuando alguien usa ese mismo sonido, *kibosh*, quieren decir algo totalmente diferente. Nadie sabe cómo hemos llegado aquí, pero nadie puede negar la distorsión de dónde me encuentro.

Capítulo 4: Lidérate a ti mismo

1. Ballard, Glenn y Siedah Garrett, *Hombre en el espejo*, Los Ángeles: Epic Records, 1988.
2. Maxwell, John, *Leadership Handbook: 26 Critical Lessons Every Leader Needs* (Nashville: Thomas Nelson, 2015), p. 17 [*El manual de liderazgo: 26 lecciones fundamentales que todo líder necesita* (Nashville: Grupo Nelson, 2008, ebook)].
3. Watkins, Michael D, *The First 90 Days: Proven Strategies for Getting Up to Speed Faster and Smarter* (Boston: Harvard Business Review Press, 2013), p. 20 [*Los primeros 90 días: estrategias de éxito decisivas para nuevos líderes* (Barcelona: Deusto, 2005)].
4. Collins, Jim, *How the Mighty Fall: And Why Some Companies Never Give In* (Nueva York: HarperCollins, 2011), p. 4.
5. Patterson, Kerry, Joseph Grenny, Ron McMillian y Al Switzler, *Conversaciones cruciales: Claves para el éxito cuando la situación es crítica* (Barcelona: Empresa Activa, 2009).
6. Stone, Douglas, Bruce Patton y Sheila Heen, *Conversaciones difíciles: cómo hablar de los asuntos importantes* (Barcelona: Debolsillo, 2003).

Capítulo 5: Escoge la positividad

1. Covey, Stephen, R, *Seven Habits of Highly Successful People* (Nueva York: Free Press, 1989), p. 28 [*Los 7 hábitos de las personas altamente efectivas* (México: Paidós, 2014)].

2. Ibíd, p. 17.

3. Sale Carnegie Training, «What Drives Empoloyee Engagement and Why It Matters», p. 6, https://www.dalecarnegie.com/assets/1/7/driveengagement_101612_wp.pdf.

4. Ibíd.

5. Lencioni, Patrick, *The Advantage: Why Organizational Health Trumps Everything Else in Business* (San Francisco: Jossey-Bass, 2012), 47 [*Y tú... ¿trabajas en una empresa sana o tóxica?* (Barcelona: Alienta, 2013)].

6. Camalier, Greg, *Muscle Shoals*, Netflix, Dallas: Magnolia Films, 2013.

Capítulo 6: Piensa de forma crítica

1. Cowherd, Colin, *You Herd Me: I'll Say It If Nobody Else Will* (Londres: Penguin Presss, 2013), p. 28.

2. http://www.usatoday.com/story/gameon/2012/10/24/ridgers-professor-never-succeed/1654723/.

3. McChesney, Chris, Sean Covey y Jim Huling, *The 4 Disciplines of Execution: Achieving Your Wildly Important Goals* (Nueva York: Free Press, 2012), p. 30 [*Las 4 disciplinas de la ejecución: cómo alcanzar metas crucialmente importantes* (México: Random House Mondadori, 2013)].

4. http://wwwl.hansgrohe.com/assets/atde/1404_Hansgrohe_Select_ConsumerSurvey_EN.pdf.

5. Walvoord, John F. y Roy B. Zuck, *El conocimiento bíblico: un comentario expositivo* (Puebla, México: Ediciones Las Américas, 2006).

Capítulo 7: Rechaza la pasividad

1. Hylton, Jeremy, «The Merry Wives of Windsor», Tech.MIT.edu., http://shakespeare.mit.edu/merry_wives/merry_wives.2.2html.

2. Turner, Bonnie, Terry Turner y Fred Wolf, *Tommy Boy*, DVD, dirigido por Peter Segal, Los Ángeles: Paramount Pictures, 1995.

Capítulo 8: Aceptar el reto

1. Kouzes, James M. y Barry Z. Posner, *The Leadership Challenge*, 3ª ed. (San Francisco: Jossey-Bass, 2003), p. 180 [*El desafío del liderazgo* (Buenos Aires: Peniel, 2010)].
2. Associated Press, «Brewers Jonathan Lucroy Rejects Trade to the Indians», *New York Times*, 31 Julio 2016, https://mobile.nytimes.com/2016/08/01/sports/baseball/milwaukee-brewers-jonathan-lucroy-cleveland-indians.html.
3. *Seinfeld*, «The Strongbox», Episodio 170, dirigido por Andy Ackerman, escrito por Dan O'Keefe y Billy Kimball, NBC, 5 febrero 1998.
4. Barra, Alan, «How Curt Flood Changed Baseball and Killed His Career in the Process», *The Atlantic*, 12 Julio 2001, http://www.theatlantic.com/entertainment/archive/2011/07/how-curt-flod-changed-baseball-and-killed-his-career-in-the-process/241783/.
5. Kouzes, James M. y Barry Z. Posner, *The Leadership Challenge*, 4ª ed. (San Francisco: Jossey-Bass, 2008), p. 48 [*El desafío del liderazgo* (Buenos Aires: Peniel, 2010)].
6. Widener, Chris, *Leadership Rules: How to Become the Leader You Want to Be* (San Francisco: Jossey-Bass, 2010), p. 156.

Capítulo 9: Desglosar el reto

1. Cuddy, Amy, «Your Body Language Shapes Who You Are», YouTube, 1 octubre 2012, https://www.youtube.com/watch?v=Ks_Mh1QhMc.
2. Buckingham, Marcus, *The Only Thing You Need to Know* (Nueva York: Free Press, 2005), p. 22 [*Lo único que usted debe saber... para ser gerente y líder excepcional y alcanzar el éxito duradero* (Bogotá: Norma, 2006)].
3. Cita del día, http://www,qotd.org/search/single.htmlqid=2016.
4. AZ Quotes, http://www.azquotes.com/quote/223506.
5. Adams, Scott, *How to Fail at Almost Everything and Still Win Big: Kind of the Story of My Life* (Nueva York: Portfolio Publishing, 2013),

p. 230 [*Cómo fracasar en casi todo y aún así triunfar* (Barcelona: Expresa Activa, 2014)].

6. Kouzes, James M. y Barry Z. Posner, *The Leadership Challenge*, 3ª ed. (San Francisco: Jossey-Bass, 2003), p. 184.

7. Sinek, Simon, «Start with Why», YouTube, 29 septiembre 2013, https://www.youtube.com/watch?v=sioZd3AxmnE.

Capítulo 10: Tu próximo capítulo empieza hoy

1. Ramsey, Dave, *EntreLeadership: 20 Years of Practical Business Wisdom from the Trenches* (Nueva York: Howard Books, 2011), p. 15 [*Empreliderazgo: 20 años de sabiduría práctica haciendo negocios desde las trincheras* (Nueva York: Howard Books, 2012)].

2. Snyder, Benjamin, «Half of Us Quit Our Job Because of a Bad Boss», *Fortune*, http://fortune.com/2015/04/02/quit-reasons/.